Valentin N. J. Landmann

Der Reiz des Verbrechens und der Halbwelt

Valentin N. J. Landmann

Der Reiz des Verbrechens und der Halbwelt

orell füssli Verlag AG

Umschlagabbildung: © Luc Besiat / Getty Images
Umschlaggestaltung: Andreas Zollinger, Zürich
Druck: fgb • freiburger graphische betriebe, Freiburg

ISBN 978-3-280-05226-6

Bibliografische Information der Deutschen Bibliothek
Die Deutsche Bibliothek verzeichnet diese Publikation in der Deutschen Nationalbibliografie; detaillierte bibliografische Daten sind im Internet über http://dnb.d-nb.de abrufbar.

Inhaltsverzeichnis

Vorwort

Der Reiz des Verbrechens das klingt unterhaltsam und bequem in einem – unterhaltsam, weil das Verbrechen schon seit Langem für Unterhaltung steht. Vormals in der Form von «wahrhaft erschröcklichen» Berichten über Schandtaten und Bestrafungen, zu deren Inszenierung – Uraufführung und Schlussvorstellung in einem – das Publikum oft von weither anreiste, heute in der Form von Film, Lektüre oder Games.

Bequem, weil es klingt, als verfügte die Welt des Verbrechens über irgendeine Anziehungskraft, die nur ihr zu eigen sei – eben ihren höchsteigenen Reiz. Als gäbe es klare, sichere Grenzen zwischen all dem, zu welchem die legale Welt einlädt, und dem, zu welchem die Unterwelt und das seltsame, hoch komplizierte Ding namens Halbwelt einladen. Als gäbe es klare und sichere Grenzen zwischen all dem, was man als braver Bürger mit einem «Noch so gerne!» oder mit einem «Leider kann ich mir nichts anderes leisten!» tut, und dem, was man als braver Bürger mit einem «Nie im Leben!» oder einem «Leider kann ich mir derlei nicht leisten!» unterlässt. Als dürfte man sich als braver Bürger geborgen fühlen.

Noch etwas: Ich habe einen neuen Begriff eingeführt, den ich nicht im Detail erläutere: die Oberwelt. Sie ist das Gegenüber der Unterwelt und meint in der Regel die legalen Funktionen und Formationen unserer Gesellschaft. Der Begriff ist praktikabel und wird Ihnen beim Lesen ganz sicher keine Verständnisschwierigkeiten machen.

Unterhaltsam ist, was Ihnen als Lektüre bevorsteht, hoffentlich. Bequem ist es hoffentlich nicht! Denn zum Ziel, das ich mir gesetzt habe, führt im Zweifel für Sie und oft – trotz Überzeugung und praktischer Erfahrung – auch für mich kein bequemer Weg. Das kann nicht verwundern: Das Ziel selbst ist unbequem. Ich will zeigen, dass es nichts ist mit den klaren Grenzen und der wohlig-selbstgerechten Geborgenheit.

Also viel Vergnügen!

Ich danke Frau Dr. Anna Landmann herzlich für die wesentliche Hilfe bei der Übersetzung vom Juristendeutsch in eine verständliche Sprache.

Einleitung

Warum entscheidet sich jemand, ein Delikt zu begehen oder gar wiederholt zu delinquieren?

Warum möchte jemand der Halbwelt angehören und nach ihren Regeln leben? Warum möchte jemand gar der Unterwelt angehören und nach ihren Regeln leben? Warum spielen so viele so gern mit dem Feuer, der eine mit einem ganz kleinen, der andere mit einem großen – und so ziemlich jeder mit der Gefahr eines Großbrandes?

Wir alle wissen doch: Verbote zu missachten bedeutet Risiken einzugehen. Für Delikte drohen Verfahren und Strafen, bei uns in Westeuropa je nach Delikt langjährige Freiheitsstrafen, anderswo auch die Todesstrafe. Überall drohen soziale Schäden bis hin zum wirtschaftlichen, gesundheitlichen und gesellschaftlichen Ruin.

Wer sich «nur» für die Halbwelt entscheidet, läuft aparterweise noch etwas mehr Gefahr, sich zu verbrennen, als der Rest. Zum einen lässt er sich auf einen Eiertanz zwischen Legalität und Illegalität ein. Die Grenzen sind unscharf, jeder Schritt kann der falsche sein, der Druck in Richtung Verbotenes ist je nach Sparte groß. Zum anderen kann schon die bloße Zugehörigkeit zur Halbwelt schaden, denn diese Halbwelt ist in unserer Gesellschaft immer noch ein Stück weit geächtet. Nicht grundlos heißt sie «Halbwelt», *demie-monde* …

Wo eine ganze Welt mit solchen Bezeichnungen abgetan wird, braucht es zumindest für ihre soziale Ausgrenzung keine Delikte mehr – und für Verfahren und Strafen manchmal auch nicht.

Warum also gibt es Menschen, die sich für Delikte, für die Unterwelt oder auch nur für die Halbwelt entscheiden? Sind solche Menschen vielleicht von Grund auf anders als der Rest, von Grund auf ungut?

Es mag Menschen geben, die aus purer Lust am Wehtun oder Kaputtmachen andere verletzen, quälen, ruinieren. Doch sie sind nicht die Regel. In Unterwelt und Halbwelt sind sie eher noch seltener als anderswo. Die Antwort auf inzwischen bereits über ein halbes Dutzend «Warum» plus noch ein Fragezeichen mehr müssen wir anderswo suchen – und der richtige Ausgangspunkt für die Suche sind folgende Feststellungen:

- Wir können so gut wie immer zwischen mehreren Zielen wählen.
- Wir wählen das Ziel, das uns am meisten dazu einlädt.
- Um dieses Ziel zu erreichen, können wir so gut wie immer zwischen mehreren Wegen wählen.
- Wir wählen den Weg, der uns am meisten dazu einlädt.
- Wir reagieren bei jedem Schritt auf Anreize.

Das gilt für die legale Welt genauso wie für ihre Spiegelwelt, die Unterwelt, und für die seltsame Zwischenwelt, die man Halbwelt nennt – als könnte es zwischen einer Welt und keiner Welt etwas Drittes geben. Für alle drei Welten gilt weiter: Ziel ist meist der ökonomische Erfolg.

Mit diesen Feststellungen ist allerdings noch nicht viel gewonnen. Warum sollte jemand ausgerechnet einen jener Wege wählen, die ihm Delikte, die Halbwelt oder gar die Unterwelt anbieten? Was macht Wege so attraktiv, die gesellschaftlich verpönt und – wenigstens auf den ersten Blick – besonders riskant sind? Das Ziel Geld allein reicht nicht als Erklärung, wie ein paar Beispiele illustrieren mögen:

- Mancher Crack-Straßendealer bleibt trotz minimaler Gewinne beim Crack-Handel – dabei könnte er als Lehrling bei der Deutschen Bank oder der UBS das Doppelte verdienen und das erst noch ohne alles Risiko.
- Wahrung der so genannten Ganovenehre ist wirtschaftlich gesehen oft der blanke Wahnsinn.
- Der Zuhälter alten Stils inszeniert sich mit Hilfe von Kleidung, Uhr, Auto, Hund und lädt förmlich dazu ein, gegen ihn zu ermitteln.
- Mancher Dealer tut Vergleichbares mit Hilfe von zu vielen Mobiltelefonen, zu vielen Gesprächen und SMS sowie Codewörtern oder «Geheimsprachen», die Bände sprechen.

- Ganz allgemein genießen erfolgreiche Gangster große Auftritte kaum weniger als Showstars und Spitzenmanager. Erst *sehr* erfolgreiche Gangster tendieren in Richtung brave Unauffälligkeit – bis hin zum puren Spießertum.

Bereits diese kleine Auswahl macht klar: Wie in der legalen Welt geht es auch hier nicht ausschließlich um Geld, und es spielen auch hier Wunschvorstellungen eine große Rolle. Besondere Anreize, welche Halb- und Unterwelt zu bieten scheinen, sind beispielsweise gesellschaftliche Durchlässigkeit, Zugehörigkeit, einfache Regelsysteme, Glamour, Macht und – wohl als allerwichtigste Anreize – die Aussicht auf Freiheit und die Geschwindigkeit, mit welcher sich jedes dieser Ziele im besten Fall erreichen lässt – jegliche Ähnlichkeit mit Anreizen, welche die legale Welt bietet oder zu bieten scheint, ist *kein* Zufall.

Wie oft trägt der Reiz von Halb- und Unterwelt den Sieg über den Reiz der legalen Welt davon? Wir wissen es nicht, denn die Dunkelziffern sind je nach Bereich hoch. Wir kennen nur die Fälle, die aufgeflogen sind. Aber bereits ihre Zahl macht klar: Der Reiz der legalen Welt zieht häufiger den Kürzeren, als die legale Welt es für wünschenswert erachtet.

Von dieser Tatsache ist es nicht mehr weit zu den letzten zwei Fragen: Ließe sich das ändern? Und falls ja, wie ließe es sich ändern?

Bevor man auf die Suche nach einer Antwort geht, muss man sich über eines klar sein: Es ließe sich auch im besten Fall höchstens ein Stück weit ändern! Die deliktfreie Gesellschaft war und ist – zumindest hier auf Erden– eine Utopie. Will man sich mit weniger nicht zufrieden geben, sucht man sich besser eine andere Lebensaufgabe.

Ist man auch mit weniger zufrieden, so kann man das Gleichgewicht zwischen Reiz der legalen Welt und Reiz der beiden anderen Welten fast immer ein Stück weit in die «richtige» verschieben. In die falschen lässt es sich allerdings immer, ebenso leicht oder eher noch leichter verändern. Deshalb empfiehlt sich für jeden, der die Gewinnchancen der legalen Welt erhöhen möchte, erst mal eine sachliche Bestandesaufnahme dessen, was in der Wirklichkeit läuft.

Dabei will dieses Buch helfen. Es ist kein wissenschaftliches Werk und bietet weder eine abschließende Analyse noch Patentlösungen an. Die theoretischen Abschnitte sind knapp gehalten, damit Raum für eine Vielzahl von Anreizbeispielen bleibt, die zeigen, warum ein Mensch bestimmte Delikte begeht.

Das Buch ist ein Essay, entstanden aus den praktischen Erfahrungen, die der Verfasser in rund 25 Jahren Strafverteidigung gesammelt hat, und aus dem Wunsch, manchen Diskussionen über Verbrechensbekämpfung etwas mehr Bodenkontakt zu verschaffen.

Die Theorie

Das Huhn und das Ei

Fragt man nach dem Zusammenhang zwischen Verboten, möglichen Anreizen und menschlichem Verhalten, so stellen sich immer wieder zwei Fragen: Was ist zuerst da gewesen? Besteht ein ursächlicher Zusammenhang?

Das Fragenpaar macht nicht überall Sinn: Sind ganz konkrete Vorgänge zu interpretieren, so bringt die Analyse, ob das Verbrechen oder die Ganovenehre zuerst da gewesen sei, über akademischen Denksport hinaus wenig. Aber vielfach ist das Fragenpaar nützlich. So kann die Antwort darauf gelegentlich die Frage nach einem ursächlichen Zusammenhang gleich mitbeantworten: Was sich erst später verwirklicht hat, fällt als Ursache früherer Zustände, Ereignisse und so weiter mit einiger Wahrscheinlichkeit aus dem Rennen. Vor allem aber können wir bei statistischer Auswertung der Wirklichkeit manchmal feststellen, dass bestimmte Fakten, etwa bestimmte Anreize und Verhaltensformen, häufig zusammen auftreten.

Vom Nachweis eines Kausalzusammenhangs sind wir damit noch Welten entfernt; denn mit Statistiken lässt sich alles beweisen, folglich auch alles ursächlich verknüpfen. Aber bei allem gebührenden Misstrauen lohnt sich es sich in solchen Fällen, der Frage eines möglichen Kausalzusammenhangs weiter nachzugehen.

Vielleicht fühlten Sie sich durch die erste der beiden vorhin gestellten Fragen an eine uralte Frage erinnert: Wer war zuerst da, das Huhn oder das Ei?

Die Huhn-Ei-Frage lässt sich heute auch dann beantworten, wenn man einen weiten Bogen um fundamentales Weltverständnis macht – laut Bibel schuf Gott eindeutig keine Eier, sondern Hühner …

Ist das heutige Huhn das Ergebnis einer grundlegenden Mutation, und war der genetische Schritt zwischen ihm und seinem Vorgänger so groß, dass man den Vorgänger noch nicht als Huhn in unserem Sinne bezeichnen kann, so gewinnt das Ei des Vorhuhns das Rennen. Der Vogel, der es legte, was noch kein Huhn. Das Küken, das schlüpfte, war das erste Huhn. Am Anfang war mithin das Ei! Der einzige Schönheitsfehler dieser Lösung: Sie setzt eine Mutation in der Größenordnung eines genetischen Quantensprungs voraus, und solche Quantensprünge sind selten.

Was gilt, wenn es statt um Hühner um uns, unser Verhalten, insbesondere unsere Definition der Straftat geht?

Bei uns setzen große Veränderungen nicht immer genetische Quantensprünge voraus.

Auch weltanschauliche Quantensprünge tun den Dienst. Sie können ungemein rasch und grundlegend ausfallen und ebenso rasche und grundlegende Veränderungen bewirken. Dementsprechend gut werden Ursachen und Wirkungen sichtbar. Die Geschichtsbücher liefern haufenweise Illustrationen. Ich nenne statt vieler den Zusammenbruch des Kommunismus in Osteuropa und die dadurch ausgelöste sprunghafte soziale, wirtschaftliche und rechtliche Entwicklung.

Aber häufiger gibt es auch bei uns eine kontinuierliche gesellschaftliche Entwicklung, zusammengesetzt aus vielen kleinen Veränderungen, welchen das Recht mit Vorliebe in noch kleineren Schritten folgt. Gesetzgeber lieben es in der Regel, sich Zeit zu lassen, und sehen vor allem angesichts langsamer gesellschaftlicher Entwicklungen oft erstaunlich lange keinen Handlungsbedarf. Kommen die überfälligen Anpassungen dann endlich zustande, so stünden angesichts der Gemächlichkeit abgeklärte und ausgewogene Lösungen zu erwarten. Aber überraschend häufig finden wir an ihrer Stelle sprunghaft und eher unausgegoren wirkende Produkte.

Die Gesetzesrevisionen im Bereich des Sexualstrafrechtes und der Legalisierung des Sexgewerbes, wie sie in der Schweiz und in Deutschland in den letzten Jahrzehnten erfolgten, belegen das eben Gesagte. Man ließ sich sehr viel Zeit, viel zu viel Zeit mit der Liberalisierung. Mal jätete man alte Wertvorstellungen nicht gründlich genug aus, mal kompensierte man das schlechte Gewissen, unter dem man sehr zu Recht litt, mal überließ man Wichtiges der Praxis – nicht die dümmste Lösung –, mal verlor man sich in Detailbestimmungen … Man legiferierte stets mit den bestmöglichen Absichten – aber über weite Strecken nicht mit dem bestmöglichen Ergebnis.

Dazu mag auch beigetragen haben, dass Anpassungen, die eine Liberalisierung anstreben, es deutlich schwerer haben als andere Anpassungen. Kein Staat zieht sich gerne aus einem Bereich zurück, den er bisher regelte. Egal wie viel von Liberalisierung die Rede ist: Nicht der Abbau von Verboten ist die Regel, sondern deren Ausbau, erfolge er schleichend und kontinuierlich, oder erfolge er in massiven Schritten. So lassen sich denn auch viel leichter Beispiele für neue Verbote finden als für Liberalisierungen. Denken wir bloß daran, was die letzten Jahrzehnte Europa an Gesetzen zur Verfolgung organisierter Kriminalität, an Insiderstrafnormen, Geldwäschereistrafnormen, Strafnormen zur Computerkriminalität und Ausbau der Strafverfolgungsmöglichkeiten beschert haben.

Wo namhafte rechtliche Entwicklungsschritte gemacht werden, lassen sich die Reaktionen der Menschen auf neue Verbote – hie und da sogar auf die Aufhebung von Verboten – besonders gut beobachten. Niemand beobachtet sie genauer als der Staat. Doch man tut gut daran, den groß angelegten Statistiken, Studien und Berichten über die Auswirkungen neuer Gesetze mit Vorsicht zu begegnen.

So ist der Grundtenor von Regierungsberichten europäischer Staaten meist ein positiver, wenn staatliche Kompetenzen erweitert wurden und nun die Folgen zu beurteilen sind. Umgekehrt äußern sich Berichte über liberalisierte Bereiche meist über Gebühr kritisch, skeptisch, pessimistisch. Der kürzlich erschienene Bericht der deutschen Bundesregierung über die Situation nach Einführung des liberalisierten Prostitutionsgesetzes liefert ein prima Beispiel. Schließlich steht niemand gerne als Trottel da. Das gilt auch für den Staat als Gesetzgeber. So sind Zugeständnisse, man habe sich früher total vergriffen, eine Seltenheit und erfolgen höchstens dann, wenn die Auswirkungen einer Fehlentscheidung keinen anderen Ausweg mehr lassen (Prohibition in den USA).

Auch Standortbestimmungen einzelner politischer, religiöser, wirtschaftlicher und lokaler Gruppen zeichnen sich meist dadurch aus, dass man das statistische Material vor allem als Steinbruch genutzt, also sehr genau gesichtet und sehr selektiv berücksichtigt hat. Hier darf man allerdings wenig anderes erwarten: Interessenverbände wahren vorab ihre eigenen Interessen.

Aber trotz aller Barrieren, die einer nüchternen Bilanzierung von Erfolg und Misserfolg im Weg stehen mögen, bleibt es dabei: Man kann – falls man will – nach einer wesentlichen Gesetzesänderung sehen, wie die Adressaten darauf regieren und was man erreicht hat. Hat sich die unerwünschte Situation verbessern lassen, so darf man annehmen, man habe das Richtige getan. Hat sie sich verschlimmert, so darf man annehmen, dass man etwas grundlegend Falsches getan, insbesondere falsche Anreize gesetzt hat.

Ursache und Wirkung

Die Tatsache, dass empirisch oder statistisch bestimmte Fakten mit einer gewissen Häufigkeit zusammen in Erscheinung treten, sagt für sich allein genommen wenig darüber aus, ob sie in einem kausalen Zusammenhang stehen. Sie legt bloß nahe, der Frage nach einer möglichen Kausalität weiter nachzugehen, indem man die Faktoren zu isolieren und mögliche Formen der Einflussnahme festzustellen versucht.

- Treten Fakt A und Fakt B häufig zusammen auf, so stehen bereits theoretisch vier Varianten zur Wahl:
- Es kann sich um eine rein zufällige Häufung, eine Koïnzidenz handeln. Ob dies der Fall ist, prüft man, indem man möglichst viele Fälle auswertet. Je mehr weitere Fälle die gleiche Konstellation zeigen, desto unwahrscheinlicher wird die reine Zufälligkeit. Für die Frage der Verursachung ist damit allerdings noch nichts gewonnen.
- Fakt A kann Fakt B verursachen. A setzt beispielsweise den Anreiz dafür, dass sich jemand gemäß B verhält.
- Es kann genau umgekehrt sein. Fakt B ist die Ursache von

Fakt A und setzt den Anreiz dafür, dass sich jemand gemäss A verhält.

- Schließlich ist möglich, dass sowohl Fakt A als auch Fakt B von einem Fakt C verursacht werden, das wir bisher übersehen haben. Dann haben wir zwar eine Beziehung, aber bloß eine Korrelation.

Bleiben wir vorerst bei diesem Quartett der Idealvarianten, die wie alles Ideale im täglichen Leben nicht allzu häufig und im Bereich, mit dem dieses Buch sich befasst, noch viel seltener vorkommen. Wie wollen wir feststellen, welche der vier Varianten vorliegt?

Eine brillante Illustration, wie man solche Fragen angehen sollte, datiert aus der Zeit, in welcher sich die Französische Revolution zusammenbraute. Die königliche Kommission zur wissenschaftlichen Beurteilung des animalischen Magnetismus, der unter anderen Antoine Lavoisier und Benjamin Franklin angehörten, begann ihre schwierige Arbeit mit einer mustergültigen Reduktion des Fragenkatalogs: Magnetismus und Fluidum haben keinerlei physikalische Eigenschaften. Das schließt nicht aus, dass sie existieren. Weiter können sie existieren, ohne wirksam zu sein. Aber – sie können nicht wirksam sein, ohne zu existieren. Fazit: Man teste die Wirksamkeit!

Was war vorausgegangen? Der deutsche Arzt Mesmer – so prominent, dass Mozarts erstes Singspiel in seinem privaten Theater uraufgeführt wurde – eroberte 1778 Paris. Er kam als Botschafter einer neuen Heilslehre, in deren Mittelpunkt eine geheimnisvolle Kraft namens animalischer Magnetismus stand. Dank ihr durchflutete ein Fluidum pausenlos alle Kreatur. Wurde dessen Fließen behindert, resultierten Krankheiten, welche sich heilen ließen, wenn ein Eingeweihter die Blockierungen beseitigte. Kennzeichen des Heilungsprozesses war die Krise, die am ehesten schweren epileptischen Anfällen zu vergleichen war. Bald stand Paris dermaßen im Zeichen von Mesmer und seinem Fluidum, dass die erwähnte königliche Kommission die Sache unter die Lupe zu nehmen hatte.

Das Team Lavoisier/Franklin testete die Wirksamkeit mit einer Doppelserie einfacher Experimente:

Zur Prüfung, ob Magnetismus auf ahnungslose Patienten wirke, ersetzte Franklin unter anderem Teile einer Zimmertür heimlich durch Material, das den Fluss der Kraft nicht behinderte. Hinter der Türe tat ein Magnetismusstar sein Bestes, vor der Türe plauderte eine als hoch sensibel bekannte Explorandin, die davon nichts ahnte, heiter über Gott und die Welt. Von Krise keine Spur, bis der Star durch die Türe trat.

Zur Prüfung, ob Wirkungen auch ohne Magnetismus erzielt werden könnten, ließ Franklin einen der fünf Bäume in seinem Garten magnetisieren. Ein als hoch sensibel geltender Explorand wurde informiert, dass einer der Bäume magnetisiert sei, und durfte Bäume umarmen gehen. Beim vierten Baum verfiel er in eine Bilderbuchkrise – dabei wäre erst der fünfte Baum der magnetisierte gewesen! Auch von fünf Gläsern voller Wasser sorgte ein harmloses für die Krise; die Explorandin nahm das magnetisierte dann unerkannt und mit Dank als Erfrischung entgegen. Eine andere Explorandin, die nach ihrer Meinung vom Nebenzimmer her behandelt wurde, reagierte in klassischer Manier, obschon das Nebenzimmer leer war.

Die Bilanz war nun einfach zu ziehen. Ganz *en passant* – wie es zur Genialität des Forscherteams passte – bewiesen die Versuche auch den Placebo-Effekt und wiesen den Weg zum doppelten Blindversuch, wie er heute zum A und O der Pharmaforschung gehört.

Auch heute und hier heißt das Rezept: Einzelne Fakten isolieren und dann nur noch mit ihnen arbeiten. Selbst die reichste Sammlung an Daten und statistischen Auswertungen dispensiert nicht davon. Aber geht es um die Wechselwirkungen zwischen menschlichem Verhalten und Normen aller Art, sehen wir uns nicht bloß den oben genannten vier Idealvarianten gegenüber, sondern schon innerhalb dieses Quartetts auch allen möglichen Mischformen und wechselseitigen Beeinflussungen.

Kurz: Wir stehen einem Wust von Fakten und Faktoren gegenüber, die Einfluss aufeinander nehmen können und dies mehr oder weniger wahrscheinlich auch tun. Da wird eine Isolation einzelner Fakten und Faktoren weitgehend unmöglich, und da ist für alle Aussagen zu Ursachen und Wirkungen größte Vorsicht angesagt.

Am besten lässt sich auch das anhand von Beispielen erläutern. Besonders gut eignet sich dafür die Frage nach der Einstiegsdroge.

Es lässt sich ohne Weiteres zeigen, dass die meisten Konsumenten harter Drogen zunächst so genannte weiche Drogen (Cannabisprodukte) konsumiert haben. Daraus wird immer wieder gefolgert, dass Cannabisprodukte die Einstiegsdroge für den harten Drogenkonsum seien, eine maßgebliche Ursache für das spätere Abhängigwerden bildeten und deshalb verboten werden müssten. Aber belegen die statistischen Befunde irgendeine Ursächlichkeit? Spurt Hanfkonsum effektiv vor für einen späteren Einstieg in den Heroin- oder Kokainkonsum? Oder sehen wir das Ganze allzu einfach? Könnte es sein, dass wir einen Faktor C übersehen?

Tatsache ist auch, dass schätzungsweise 99 Prozent der mitteleuropäischen Konsumenten harter Drogen in ihrer Kindheit einmal Erdbeerkonfitüre konsumiert haben – vom Milchkonsum gar nicht erst zu reden. Ist darum Erdbeerkonfitüre eine Einstiegsdroge, die es unbedingt zu verbieten gilt? Mit Ja kann nur antworten, wer gezielt außer Acht lässt, dass auch mindestens 99 Prozent jener Personen, die später keine harte Drogen konsumieren, in ihrer Jugend Erdbeerkonfitüre konsumiert haben.

Sieht es bei Cannabisprodukten anders aus? Wir können die Frage pro und contra Einstiegsdroge frühestens dann beantworten, wenn wir wissen, welcher Anteil der Cannabiskonsumenten später nicht auf harte Drogen umsteigt. Die heute verfügbaren statistischen Unterlagen legen nahe, die Frage zu verneinen. Seit geraumer Zeit machen Umfragen deutlich, dass Jugendliche ab einem gewissen Alter ähnlich häufig Cannabis konsumieren wie sie vorher Gummibärchen oder Marsriegel konsumiert haben. Dennoch landen die meisten später nicht im Drogenmilieu.

Ein sehr hoher Anteil der späteren Konsumenten harter Drogen raucht und konsumiert Alkohol. Ist also Nikotin eine Einstiegsdroge? Ist Alkohol eine Einstiegsdroge? Oder könnte es sein, dass wir bei alledem stets einen Fakt D übersehen? Fakt D könnte zum Beispiel daran bestehen, dass ein gewisser Anteil der Bevölkerung aus irgendwelchen Gründen besonders stark auf den Anreiz aller auf die Psyche wirksamen Substanzen anspricht und im Umgang damit leicht die Kontrolle verliert, während der Rest der Bevölkerung weit weniger anfällig für den ständigen Griff zur Zigarette mit und ohne Cannabis, zur Flasche, zu Partydrogen, Kokain oder Heroin ist.

In letzter Zeit machte ein Gutachten viel von sich reden, welches die Zunahme von Psychosen als Spätfolge der Zunahme des Cannabiskonsums wertete. In der Presse füllten balkendicke Schlagzeilen à la «Kiffen erzeugt Schizophrenie!» die Titelseiten, und die Vertreter der harten Linie bejubelten, was sie als Beweis für die Gefährlichkeit von Hanf ansahen.

Sachlich gesehen ist der Beweiswert bis auf Weiteres sehr bescheiden. Die Zunahme von Psychosen kann darauf zurückgehen, dass man mit Hilfe stärker differenzierter Diagnosemethoden und Kategorisierungen (ICD10) heute in mehr Fällen Psychosen bejaht als früher. In der gleichen Zeit, in welcher der Cannabiskonsum zunahm, setzten sich zahlreiche andere Produkte auf dem Markt durch, die als «Täter» ebenfalls in Frage kommen, so beispielsweise Akne- und Abmagerungsmittel. Und falls eine Korrelation zwischen vermehrtem Konsum bei Jugendlichen und einer Zunahme von Psychosen besteht, können die Rollen von Ursache und Wirkung auch umgekehrt verteilt sein: Personen, die zu solchen Krankheiten neigen oder bereits erste Symptome zeigen, greifen vielleicht eher zu Cannabisprodukten, die auf den Verlauf der Krankheit keinen Einfluss haben.

Die Gefahr vorschneller Rückschlüsse soll ein weiteres Beispiel illustrieren. Ich habe es mit Sorgfalt so abstrus konstruiert, dass eigentlich keine Gefahr bestehen sollte, dass irgendwer ein Patentrezept darin entdecken könnte, aber wer weiß? Ausgangspunkt sind graue und weiße Socken. Vieles spricht dafür, dass sich statistisch erhärten ließe, dass ein hoher Anteil von Wirtschaftskriminellen mit

Vorliebe graue Socken trägt. Dienen die Dinger als Tarnung? Kaufen Wirtschaftskriminelle bevorzugt solche Socken, um als graue Mäuschen besser untertauchen zu können? Oder belegt die Vorliebe für graue Socken eine erhöhte Neigung zu Wirtschaftskriminalität?

Statistisch nachweisbar dürfte auch sein, dass der Anteil weißer Socken im Bereich von Milieudelikten und Schlägereien merklich höher liegt als im Bereich der Wirtschaftskriminalität. Markiert also der Kauf weißer Socken erhöhte Bereitschaft zu solchen Delikten? Neigen Menschenhändler und Zuhälter dazu, ihre Aktivitäten mit weißen Socken zu signalisieren?

Ich hoffe, Sie gehen mit mir einig: Jedes Ja auf diese Fragen ist Blödsinn pur. Aber gerade darum eignen sich die Socken prima als Beispiel für Fehler, wie sie passieren können, wenn man weitere Faktoren außer Acht lässt. Wirtschaftdelikte werden in der Geschäftswelt und in der dort üblichen Kleidung begangen. Business-Look läuft bis heute auf eine weitgehende Uniformierung hinaus, wie Sie vor Arbeitsbeginn und nach Arbeitsschluss in jeder City feststellen können. Weiße Socken wären ein Fauxpas, den auch der Wirtschaftskriminelle sich nicht leisten kann: Er hat zu tragen, was zur Rolle passt, die er spielt. An Gewalt- und Milieudelikten sind statistisch gesehen häufig jüngere Männer beteiligt, die auf körperliche Fitness und auf modische freizeitbetonte Kleidung achten – was sich Büroangestellte in der Freizeit genau so gerne leisten. Hier sind weiße Socken seit langem in und beliebt.

Die statistische Auffälligkeit lässt also keinerlei Rückschlüsse auf bevorzugte Deliktsarten zu.

Statistiken, sofern sie sorgfältig und korrekt erstellt sind, liefern ein enorm brauchbares Instrumentarium zur Fragestellung und zur Aufklärung von Vorgängen. Sie sind aber nicht mehr und nicht weniger als ein Werkzeug. Sie sind also wertfrei, moralisieren nicht, lügen nicht. Sie liefern Material für Beweise, aber sie selber beweisen sehr viel weniger, als man prima vista annehmen würde. Und man kann nicht oft genug warnen: Wie alles Material, wie jedes Werkzeug lassen sie sich missbrauchen.

Will man keine vorgefasste Meinung beweisen, sondern Zusammenhänge erkennen, so muss man versuchen, bestimmte Faktoren nach Möglichkeit zu isolieren und den Einfluss anderer Faktoren möglichst auszuschließen. Bei menschlichem Verhalten, das stets durch eine Vielzahl von Faktoren gesteuert wird, ist das naturgemäß schwierig, und Grundmuster einer überwunden geglaubten Bewertung können einem selbst dann in die Quere kommen, wenn man besten Willens wäre.

So stellt der schon früher erwähnte Bericht der deutschen Bundesregierung über die Zeit nach der Einführung des Prostitutionsgesetzes in positivem Sinne klar, dass die befürchtete Zunahme von Milieudelikten ausgeblieben sei. Der umfangreiche Bericht beleuchtet dann die Liberalisierung des europäischen Freizügigkeitsverkehrs und insbesondere ihre Folgen für Prostituierte aus den Oststaaten, die in der gleichen Zeit stattfand. Wir haben also für die maßgebliche Zeit einen ganz neuen und gewichtigen Faktor zu beachten – die Aufnahme von neuen EU-Ländern mit den entsprechenden Konsequenzen für die Freizügigkeit.

Aber sein Einfluss lässt sich statistisch nicht isolieren: Gewährung der Freizügigkeit und Einführung des Prostitutionsgesetzes sind zeitlich zusammengefallen. Die Bundesregierung ist mit dem Erfolg unzufrieden und sieht Handlungsbedarf: Der Erlass neuer Bestimmungen – so einer Strafnorm für Freier, welche so genannte Zwangsprostituierte aufsuchen – dränge sich auf. Es wird beklagt, dass die Gesamtzahl der Milieudelikte nicht abgenommen habe. Aber darf man wirklich von einem Misserfolg reden? Vorher wäre doch zumindest zu fragen, wie der Halbweltverbrechensmarkt heute aussähe, wenn es die mit dem Prostitutionsgesetz verbundenen Liberalisierungen nicht geben würde. Wie später noch zu zeigen ist, darf man annehmen, dass die heutige Bilanz viel positiver lautet, als gleichbleibende Zahlen es annehmen ließen. Denn bereits gleichbleibende Zahlen stehen für einen gewaltigen Erfolg, falls sich plausibel zeigen lässt, dass ohne die Liberalisierung ein deutlicher Anstieg zu erwarten gewesen wäre. Und genau dies ist vorliegendenfalls anzunehmen!

Aber lassen wir einstweilen ökonomisches Fachwissen und Statistiken und kommen wir zu einem viel einfacheren Hilfsmittel, zur Plausibilität und zum gesunden Menschenverstand.

Der gesunde Menschenverstand ist sehr hilfreich, wenn wir uns fragen, wie und auf was für Anreize der Mensch normalerweise reagiert. Der gesunde Menschenverstand ist auch dann dienlich, wenn die Frage einen Unterweltler oder Halbweltler betrifft. Für eine richtige Antwort braucht man keiner dieser beiden Kategorien anzugehören. Man muss bloß offen und bereit sein, bei der Suche nach Ursache und Wirkung nochmals beim Punkt Null anzufangen.

Ein Paradebeispiel für richtiges Vorgehen und seinen Erfolg bot ein bekannter Wissenschaftler der University of Chicago, Steven D. Lewitt.

Die Kriminalität in den USA stieg bis gegen Ende der Achtzigerjahre in einem Ausmaß an, das die Bevölkerung zunehmend alarmierte. Der Ruf nach mehr Sicherheit wurde immer lauter. Experten analysierten die Lage, sahen schwarz und empfahlen verschiedenste Lösungen, die vor allem eines gemeinsam hatten: Ihre Realisierung setzte voraus, dass der Auftrag an den Experten/die Kommission erweitert würde. Empfohlen wurden neue Gesetze, insbesondere neue Kompetenzen für die ermittelnden Organe, neue Polizeistrategien, die Aufstockung der Polizei, die Einführung von Bürgerwehren, neue Erziehungsmethoden, kurz: der übliche Katalog. Die einen Staaten unternahmen dies, die anderen jenes, einige gar nichts.

Dann kamen die Neunzigerjahre – und mit ihnen sank die Kriminalitätsrate. Sie sank mit erstaunlicher Geschwindigkeit und Beharrlichkeit. Sämtliche Weltuntergangsprognosen der Experten erwiesen sich als falsch. Die Kriminalitätsrate fiel schließlich auf ein Niveau, wie es etwa vierzig Jahre früher bestanden hatte. Bei Gewaltverbrechen lag der Rückgang bei merklich mehr als 40 Prozent, bei den anderen Delikten immerhin noch um 40 Prozent herum. Und man fragte sich einmal mehr: Warum?

Lewitt stellte die Erklärungen für diese Reduktion der Kriminalität, die in den meistverbreiteten Zeitungen zwischen 1991 und 2001 genannt wurden, zusammen:

- Aufstockung der Polizei
- Neue Polizeistrategien
- Mehr und bessere Gefängnisse
- Härtere Gangart auf allen Ebenen bis hin zur vermehrten Verhängung der Todesstrafe
- Veränderungen des Drogenmarktes
- Veränderte Altersstruktur der Bevölkerung
- Verbesserte ökonomische Verhältnisse
- Schärfere Waffenkontrollgesetze
- Waffenrückkäufe durch den Staat

Die Liste mochte eindrücklich aussehen, aber auf Lewitt machte sie keinen Eindruck.

Schaute er sich die tatsächlichen Verhältnisse an, verglich er Fakten und statistische Zahlen in den einzelnen Gebieten der USA mit der eingetretenen Reduktion der Kriminalität, so zeigte sich für alle diese Begründungen, dass sie letztlich nicht haltbar waren. Das galt sogar für zunächst plausibel erscheinende Begründungen wie neue Polizeistrategien und Aufstockung der Polizeikräfte.

Eine weitere Methode, mit deren Hilfe Lewitt Ursachen ausschließen konnte, war der Vergleich mit entsprechenden Vorgängen in früheren Perioden. Auch Prüfungen der zeitlichen Koinzidenz machten deutlich, dass mit allen gängigen Ursachentheorien irgendetwas grundlegend nicht stimmte.

So belief sich in New York der Abbau der Kriminalität bei Morden immerhin auf über siebzig Prozent zwischen 1990 und 2000. Er wurde beharrlich den neuen Strategien von Bürgermeister Giuliani und Polizeichef Bretton zugeschrieben. Aber der dramatische Rückgang der Kriminalität war bereits in vollem Gange, als Giuliani 1994 Bürgermeister wurde und die Stadtverwaltung auf den Kopf stellte.

Natürlich hieß das nicht, dass alle genannten Elemente bedeutungslos für die Abnahme der Kriminalität gewesen wären. So bilden eine Aufstockung der Polizeikräfte und eine Verbesserung der polizeilichen Strategien sicher einen gewissen Anreiz, ein Verbrechen nicht zu begehen, weil die Chance des Erwischtwerdens steigt. Aber die sachliche Sichtung des Zahlenmaterials stellte klar, dass weder die Aufstockung der Polizei noch die neuen Polizeistrategien unter Giuliani/Bretton eine auch nur einigermaßen ausreichende Erklärung liefern konnten. Zudem sanken die Kriminalitätsraten überall in den USA, also auch in Landgebieten und Städten, welche die New Yorker Strategie nicht übernommen hatten.

Nicht besser hielten die anderen Erklärungen einer sachlichen Prüfung stand. In erster Linie galt dies für die behaupteten segensreichen Folgen einer strengeren Waffengesetzgebung. USA-Untersuchungen zeigten, dass die Waffen für die meisten Straftaten bereits vor den Verschärfungen des Waffenrechtes in den USA auf dem Schwarzmarkt erworben worden waren. Wie überall zeigte sich auch in den USA, dass die Waffengesetzgebung sehr wenig mit der Frage zu tun hat, ob sich jemand, der ein schweres Delikt begehen will, eine Waffe beschaffen kann. Will er, so kann er immer – die Waffe wird höchstens etwas teurer. Auch anderweitig sind die Zusammenhänge zwischen Waffenrecht und Kriminalität kontrovers. Verbreitung von Feuerwaffen und Gewaltkriminalität sind nicht zwingend korreliert: So besitzen etwa die Schweizer mehr Feuerwaffen pro Kopf, als das in den meisten anderen Ländern der Fall ist, und trotzdem ist die Gewaltkriminalitätsrate bemerkenswert niedrig. Es gibt ernst zu nehmende Publikationen, die sogar davon ausgehen, dass eine größere Verbreitung von Waffen, aber in der Hand der richtigen, also der gesetzestreuen Bürger besser geeignet wäre, die Kriminalitätsrate zu senken, als eine generelle Eindämmung des Waffenbesitzes dies tut (so der Ökonom John R. Lott junior in seinem Buch *More Guns, Less Crime*).

Veränderungen im Kokainmarkt versagten als Erklärung wie alles andere auch. Auf diesem Markt hatten sich die Gewichte verlagert vom Kokain zum Crack. Der Crack-Markt war vorerst geradezu explodiert. Dann hatte die Überschwemmung des Marktes mit Kokain und Crack die Preise einbrechen lassen, das Einkommen für Dealer massiv absinken lassen und zu einer Abflachung des Geschäftes geführt. Ein Zusammenhang zwischen diesen Entwicklungen des Drogenmarktes und der Abnahme der Kriminalität ließ sich zwar behaupten, aber in nichts beweisen.

Indem Lewitt alle diese politisch genehmen und darum propagierten Ursachen beiseite schob, gewann er wieder freie Sicht – und er stieß auf eine ganz andere mögliche Ursache, nämlich die revidierte Gesetzgebung in Sachen Abtreibung.

Ab 1900 war die Abtreibung in den USA für einige Jahrzehnte bundesweit verboten und strafrechtlich sanktioniert. Die Folge davon war, dass vor allem die Frauen aus ärmeren Schichten zahllose unerwünschte Kinder zur Welt brachten. (Für Frauen mit den nötigen Finanzen war die Abtreibung zwar teuer, blieb aber möglich: So boten Auslandreisen einen viel benutzten Ausweg.)

Erst in den Sechziger- und Siebzigerjahren kam wieder Bewegung in die *Abortion*-Gesetzgebung. Nachdem einige Staaten die Abtreibung unter unterschiedlich weit umschriebenen Voraussetzungen wieder zugelassen hatten, brachte das Jahr 1970 den ersten Durchbruch: In fünf großen Teilstaaten, darunter New York und Kalifornien, wurde die Abtreibung für legal erklärt und damit für weite Bevölkerungsteile wieder möglich. Drei Jahre später begründete der amerikanische Bundesgerichtshof im wegweisenden Urteil Roe v. Wade ein grundsätzliches Recht auf Abtreibung mit der schweren physischen und psychischen Belastung, die ein nicht gewünschtes Kind für die Mutter, aber auch für die weitere Familie darstellen könne.

Die Auswirkungen der neuen Gesetzgebung und Praxis sind evident, und die Zahlen sprechen Bände. Nachdem 1973 der Grundsatzentscheid Roe v. Wade die Abtreibung für die gesamten USA kontrolliert freigegeben hatte, wurden Hunderttausende von Schwangerschaften abgebrochen. 1980 erreichte die Zahl der legalen Abtreibungen über 1,5 Millionen im Jahr, was 1 Abtreibung auf 2,25 Lebendgeburten entsprach. Dabei sank die Geburtenzahl primär in ärmeren Bevölkerungsteilen und vor allem bei bildungsfernen und unterprivilegierten Frauen.

Gemäß den einschlägigen USA-Statistiken sind Faktoren wie Mutterschaft im Teenageralter, schlechte Ausbildung der Mutter, unvollständige Familie und so weiter statistisch gesehen wesentliche Faktoren bei der Entstehung von Kriminalität. Die Mehrzahl der Kinder, die ab 1970 nicht zur Welt kamen, wäre im Zweifel in mehr oder weniger ausgeprägter Armut aufgewachsen, wäre oft bei nur einem Elternteil, meist einer alleinstehenden Mutter, aufgewachsen, hätte höchstens eine minimale Ausbildung erhalten und entsprechend wenig Aussicht auf einen guten Arbeitsplatz und gesellschaftlichen Aufstieg gehabt. Lewitt zog deshalb wie folgt Bilanz: Die gleichen Faktoren, die Millionen von amerikanischen Frauen zur Abtreibung bewogen hatten, hätten bei Fortdauer des Verbotes und Unterbleiben der Abtreibungen das Risiko, dass die Kinder später in die Kriminalität abgleiten würden, massiv erhöht.

Natürlich schockierte der Schluss weit herum und löste vehemente Proteste verschiedenster Gruppen aus. Legalisierung der Abtreibung darf nicht gleichgesetzt werden mit deren allgemeiner Akzeptanz. Weite Kreise beklagten – und beklagen – die Freigabe. Vor allem hier suchte man fieberhaft nach gefälligeren möglichen Ursachen und Zusammenhängen und tut es bis heute. Aber der ursächliche Zusammenhang zwischen Freigabe der Abtreibung und Senkung der Kriminalitätsraten ist seit Lewitts erster Publikation seiner Befunde bloß noch wahrscheinlicher geworden: Untersucht man beispielsweise diejenigen Teilstaaten, welche die Abtreibung bereits vor 1973 erlaubten, so setzte in diesen Staaten auch die Abnahme der Kriminalität früher ein als im Rest der USA.

Der zeitliche Zusammenhang konnte nicht mehr als zufällige Koinzidenz interpretiert werden. Vielmehr müssen wir zur Kenntnis nehmen, dass in den frühen Neunzigerjahren eben jene Kinder aus unterprivilegierten Kreisen, die infolge Abtreibung nicht zur Welt gekommen waren, Anfang der Neunzigerjahre nicht nur ins späte Jugendlichen- und junge Erwachsenenalter, sondern mit deutlich erhöhter Wahrscheinlichkeit auch in die Kriminalität gefunden hätten.

Wie immer, wenn eine Erklärung einleuchtet, muss man sich davor hüten, bei ihrem Gebrauch übers Ziel hinaus zu schießen, etwa unfundierte politische Schlüsse zu ziehen. So wäre die Forderung, man müsse die Abtreibung fördern, um die Kriminalstatistik weiter zu verbessern, unvertretbar.

Überlegungen zum Beitrag, den ein Staat leisten kann, um einer größeren Zahl von Frauen zu ersparen, sich für die Abtreibung entscheiden zu müssen, machen eher Sinn. Aber allzu viel Staatsgläubigkeit ist auch hier nicht angebracht. Der Staat kann und darf einer Frau die Aufgabe, welche ein Kind darstellt, auch unter optimalen Umständen nur zu einem kleinen Teil abnehmen, und die Frau tut gut daran, diese Hilfe nicht zu überschätzen. Dass die meisten Frauen durchaus imstande sind, fundiert und richtig zu entscheiden, attestiert ihnen Lewitt in seinem Buch «Freakonomics» (siehe Bibliographie Seite 192): «What the link between abortion and crime does say is this: when the government gives a woman the opportunity to make her own decision about abortion she generally does a good job of figuring out if she is in a position to rise the baby well. If she decides she can't, she often chooses the abortion.»

Seine Argumente überzeugen ebenso wie seine früher behandelte Theorie: Darf eine Frau in sozial oder wirtschaftlich schwierigen Verhältnissen frei entscheiden und entscheidet sie sich in Freiheit für das Kind, so dürfte dies in der Regel Beziehung und Erziehung stark entlasten. Aufgaben, die man freiwillig übernommen hat, bewältigt man nun einmal besser als aufgezwungene. Das gilt übrigens nicht nur für die Frau, sondern auch für ihre Umgebung. Folglich ist bereits die freie Wahl geeignet, einigen Faktoren, die später zur Kriminalität führen können, einen Teil ihrer Brisanz zu nehmen.

Lewitts Beispiel veranschaulicht, wie erfolgreich man die Frage nach Ursache und Wirkung mit Hilfe des ökonomisch-statistischen Instrumentariums angehen kann – vorausgesetzt, man entledige sich vorher aller geschichtlichen und moralischen Scheuklappen.

Das Beispiel veranschaulicht aber auch, wie heikel es sogar bei einer dermaßen überzeugenden Antwort wird, wenn man sie auf andere Verhältnisse übertragen will. Natürlich fragte sich Lewitt, ob die Erklärung auch außerhalb der USA, beispielsweise in Europa, Gültigkeit habe.

Sogar Lewitt neigte dazu, die Übertragbarkeit vorschnell zu bejahen, so beispielsweise in Bezug auf die rumänische Diktatur unter Ceausescu. Der Machthaber ersetzte 1966 ein relativ liberales Abtreibungsrecht durch ein striktes Verbot. Lewitt führte den gewaltsamen Sturz Ceaucescus letztlich auf die Revolution der Jungen zurück, von denen ein großer Teil ohne das von Ceaucescu verhängte Verbot abgetrieben worden wäre.

In Rumänien bestand von 1966 bis zum Sturz Ceaucescus 1989 eine der wohl schlimmsten kommunistischen Diktaturen, die so gut wie allen jungen Leuten die Chance nahm, ein Leben nach eigenen Wünschen und wenigstens ansatzweise befriedigend zu gestalten. Gewiss, ohne das Abtreibungsverbot wären es nicht ganz so viele Unzufriedene gewesen. Aber die Lebensverhältnisse waren dermaßen miserabel, dass sich die Annahme verbietet, die durch das Abtreibungsverbot bewirkte zahlenmässige Differenz habe den Ausschlag gegeben, als es um Erfolg oder Misserfolg der Auflehnung ging.

Auch im europäischen Raum landen unerwünschte Kinder eher am Rand der legalen Gesellschaft oder auch jenseits der Grenze als die Wunschkinder, denen die volle Zuneigung ihrer Umgebung gehörte. Auch im europäischen Raum spricht – finanzielle Hilfe, soziales Netz hin oder her – nicht mehr als in den USA dafür, eine Frau zu zwingen, ein ungewünschtes Kind zur Welt zu bringen und aufzuziehen, so gut es halt geht. Aber wir finden viele andere Faktoren, die sich auf das Geschehen auswirken und dafür sorgen, dass eine simple Übertragung der USA-Befunde sich nicht rechtfertigt. Die Reduktion auf eine einzelne Ursache bliebe ganz einfach zu spekulativ. Hier seien bloß drei dieser Faktoren erwähnt:

In den meisten europäischen Staaten bestand viel länger als in den USA ein relativ striktes Abtreibungsverbot. Einzelne Staaten, so

Irland und Spanien, haben den Zwang, ein Kind auszutragen, bis in die allerneueste Zeit aufrechterhalten und selbst dort keine Ausnahme geduldet, wo eine Frau vergewaltigt wurde und mithin gezwungen war, das Baby ihres Vergewaltigers auszutragen. Die europäischen Liberalisierungen sind für jegliche spürbare Einflussnahme auf die Kriminalstatistiken mehrheitlich zu jungen Datums.

Der Sozialstaat ist in Europa umfassender konzipiert und weitergehend realisiert als in den USA. Natürlich gibt es auch in den USA Sozialversicherungssysteme. Aber dass beispielsweise jede junge alleinstehende Frau, die schwanger wird, sofort in ein Netz von Sozialmaßnahmen in Form von finanzieller und anderer Hilfe fällt, ist jenseits des Atlantik nicht annähernd so selbstverständlich wie etwa in der Schweiz. Kurz, Liberalisierungen im Abtreibungsrecht wirken sich in Europa weniger stark aus als in einem Umfeld, in welchem Niederkunft und Betreuung eines Kleinkindes für die Mutter eine wirtschaftliche Katastrophe darstellen.

Wesentlichen Einfluss auf die Kriminalitätsstatistik haben weiter ganz spezifische Formen von Migration, die zeitlich mit der Liberalisierung von Abtreibungsverboten zusammenfallen. Auch und gerade die USA kennen Migration und Einwanderung. Zu den legalen Einwanderern kommen auch dort haufenweise illegale. «Lieferanten» sind vor allem mittel- und südamerikanische Staaten, insbesondere Mexiko, und zunehmend auch wieder der asiatische Raum. Aber der Bevölkerungsanteil der Migranten liegt deutlich unter demjenigen westeuropäischer Staaten. Und wer – beispielsweise als Mexikaner – illegal in die USA einreist, tut es so gut wie immer, um dort so viel wie möglich zu arbeiten und besser für seine Familie daheim zu sorgen, als dies in seinem Heimatstaat möglich wäre. Die Wirtschaft der USA bräche vermutlich zusammen, wenn ihr diese ebenso leistungsfähige wie illegale Stütze entzogen würde.

Für unseren Zusammenhang ist wichtig, dass erstens anteilsmäßig deutlich weniger Migranten in die USA kommen als beispielsweise in die Schweiz, und dass zweitens die überwiegende Mehrheit der Migranten nicht mit einem staatlichen sozialen Netz des Ziellandes rechnet, sondern bestenfalls mit privater Hilfe unter Landsleuten. Die in den USA geltenden Rechtsordnungen bieten nichts, das sich mit dem Anreiz insbesondere der westeuropäischen Sozialhilfe und des Asylrechts mit allem Drum und Dran vergleichen ließe.

An all dem sehen wir, dass Levitts Ergebnisse für die USA bedeutungsvoll sein dürften, uns seine Erkenntnisse aber hier nicht groß weiterhelfen.

Zusammen auftretende Fakten können, aber müssen, wie gezeigt, nicht ursächlich zueinander sein. Um Klarheit zu gewinnen, muss man sie möglichst stark isolieren und auch ausschließen, dass sie nur in Korrelation stehen und in Wirklichkeit Auswirkungen eines dritten bisher nicht beachteten Fakts sind.

Lehrmeinungen und andere weit verbreitete Ansichten können, aber sie müssen nicht stimmen. Auch auf den ersten Blick plausible Ansichten dürfen wir getrost auf ihre Richtigkeit überprüfen. Es ist erstaunlich, wie häufig wir bei weit verbreiteten Ansichten nach genauerem Hinsehen zum Schluss kommen, dass sie letztlich nicht zutreffen.

Es lohnt sich, echten Experten ebenso wie selbst ernannten (Politikern und so weiter) zu misstrauen. Expertenmeinungen und noch viel mehr Politikermeinungen sind von Wert vor allem dann, wenn man sie hinterfragt. Allzu oft neigen diese Personen dazu, ihre eigene Sicht von den Interessen ihrer selbst, ihrer Berufsgruppen oder ihrer Parteien einfärben zu lassen.

Auch Moral und Ethik sind bei der Suche nach effektiven Ursachen und Wirkungen, nach Anreizen und Reaktionen ausschließlich hinderlich! All ihre Definitionen mögen großartig klingen, aber der Mensch reagiert selbst dann oft nicht moralisch oder ethisch, wenn er sich derlei leisten könnte. Erst kommt das Fressen, dann kann die Moral kommen – die kommt aber lange nicht immer. Daran können hochgestochene Gesellschaftsvisionen nichts ändern – und Küchenlieder ebenso wenig, auch wenn sie nach dem Muster von «Sabinchen war ein Frauenzimmer» meist mit einem «Und die Moral von der Geschicht» aufhören.

Anreize und Wirkungen stehen in einem rein ursächlichen Verhältnis zueinander. Erst dann, wenn wir einen Zusammenhang festgestellt haben, kommen Moral und Ethik ins Spiel: Sie helfen uns beim Entscheid, ob wir die festgestellte Ursachenkette gut finden, ob wir sie unterstützen oder ob wir sie mit irgendwelchen Mitteln bekämpfen wollen.

Chaos und Ordnung

Einen Aspekt von Lewitts Leistung haben wir uns noch nicht angesehen. Nämlich die Frage, wie er überhaupt auf die – für viele undenkbare – Idee eines Zusammenhangs zwischen Abtreibungsrecht und Kriminalität kam, welcher er dann bis zum Ende nachging, um so Ordnung in ein Stück Chaos zu bringen.

Lewitt ist Ökonom Ihm stand das ökonomische Instrumentarium, ein sehr kraftvolles Werkzeug zur Analyse von wirtschaftlichen und damit auch von menschlichen Vorgängen, ganz allgemein zur Verfügung. Es stand auch zahllosen weiteren Ökonomen zur Verfügung. Aber erst Lewitt ging vorurteilslos an die Fakten heran und misstraute allen konventionellen Erklärungen. Wie genau er auf die *Abortion Laws* als mögliche Erklärung stieß, hat er nie groß erklärt. Er erläuterte lediglich, wie er die Annahme verifizieren konnte. Wir können uns aber gut vorstellen, welchen Weg er vorher gegangen ist.

Der eklatante und allgemeine Rückgang der Kriminalität in den USA, der zu Beginn der Neunzigerjahre einsetzte, musste eine Ursache haben. Entweder zu Beginn der Neunzigerjahre – in einzelnen Teilstaaten früher als in anderen – oder in irgendeinem früheren Zeitpunkt musste eine größere Veränderung stattgefunden haben.

Statistiken informierten über den Verlauf des Rückgangs in einzelnen Teilstaaten. Sie informierten über Geburtenzahlen und über den Anteil einzelner Altersstufen am Total der begangenen Delikte und vor allem über Veränderungen solcher Anteile.

Hinter den Geburtenzahlen hatten schon andere als Lewitt eine mögliche Erklärung gewittert. Einer der oft genannten Gründe für die Entwicklung der Kriminalität war die veränderte Altersstruktur. Diesen anderen muss auch klar gewesen sein, dass seit vielen Jahrzehnten nichts stärkeren Einfluss auf diese Zahlen gehabt hatte als die Freigabe der Abtreibung.

Aber erst Lewitt schob die Gebote der *political correctness* beiseite und dachte weiter, was wohl eine noch größere Leistung war als die resultierenden Erkenntnisse. Es schmälert die Leistung von Lewitt in keiner Weise, wenn ich feststelle: Er hatte es in mehr als einer Hinsicht einfach.

So musste er sich mit einem Aspekt, den ich als sehr wesentlich für die Erforschung der Entstehung von Kriminalität ansehe, nicht befassen: Angaben von Betroffenen über Ursachen und Anreize konnten ihm egal sein. Unsereiner hingegen muss sich damit befassen und bei jeder Darstellung die Spreu vom Weizen trennen, so gut das halt geht. Manche Ereignisse und ihre Ursachen sind der Schilderung durch die Betroffenen von Personen zugänglich, andere nicht. Nicht jeder Straftäter realisiert, was ihn zu einer Tat angetrieben hat. Wer dank revidierten Abtreibungsregelungen nie zur Welt kam, kann nie darüber berichten, warum er andernfalls kriminell geworden oder trotz aller widrigen Umstände zu einem wertvollen Mitglied der Gesellschaft herangewachsen wäre.

Der Straftäter, der Auskunft geben kann und will, neigt dazu, sein Handeln als möglichst positiv motiviert und im bestmöglichen Licht darzustellen. Der eine erfindet eine ganze Geschichte, der andere verschweigt Zentrales, der dritte beschränkt sich darauf, tatsächlich Stattgefundenes zu retouchieren. Gerne werden Fakten und Faktoren aggraviert. Die Medizin verwendet den Begriff der Aggravierung für den Fall, in welchem der Patient nichts von Grund auf neu erfindet, sondern bei der Beschreibung von Symptomen lediglich dicker aufträgt, als sein Zustand es rechtfertigen würde.

Angesichts der resultierenden Vielfalt dürfte uns angst und bange werden, wenn wir als Erstes die Plausibilität zu prüfen haben. Aber auch wir stehen dem Chaos nicht ohne Werkzeuge gegenüber. Es gibt einige Hilfsmittel – so etwa, nach den mutmaßlichen eigenen Reaktionen in einer solchen Situation zu fragen. Zumindest bei Darstellungen, die erfahrungsgemäß häufig auftreten, lernt man bald einmal, die Plausibilität zu beurteilen und herauszukristallisieren, was sie an bestimmenden Fakten und Anreizen liefern.

Noch mit einem weiteren Problem brauchte sich Lewitt nur beschränkt auseinanderzusetzen: Auch sehr weit entfernte Ursachen können eine gewaltige Auswirkung haben. Man braucht als Beispiel nicht den oft zitierten Schmetterling auf Borneo zu bemühen, dank dessen Flügelschlag später in der Karibik ein Zyklon toben wird. Bereits der Blutrote Hautkopf aus den Wäldern Osteuropas tut den Dienst.

Hat man Glück, so häufen sich hochspezielle Ursachenketten wenigstens so weit, dass eine statistische Relevanz andeutungsweise sichtbar wird – was noch lange nicht heißt, dass man sie dann auch sieht! Hat man Pech, so sorgen Einzelfallursachen oder sehr seltene Ursachen dafür, dass von einer statistischen Relevanz praktisch nichts zu bemerken ist.

Die Grenze zwischen weit entfernten, aber statistisch eben noch erfassbaren Kausalitäten und jenen Kausalitäten, die sich jedem Statistiker zu entziehen verstehen, ist diffus. Und nachher ist man immer gescheiter: für jede Kausalität, die man wie auch immer ausfindig gemacht hat, lässt sich nachher zeigen, dass die Statistiken eigentlich schon lange darauf hingewiesen hätten und dass, wer Augen gehabt hätte zu sehen …

Schön lässt sich das an Cortinarius Orellanus zeigen, dem ich drum den Schlussauftritt in meinen Ausführungen zu statistisch schwer erfassbaren Zusammenhängen überlasse:

Cortinarius Orellanus braucht Ihnen auch dann, wenn Sie nicht nur idiotensichere Pilze wie Morcheln, Pfifferlinge und Steinpilze sammeln, nicht vertraut zu sein. Der Orangefuchsige Hautkopf ist ein unauffälliger kleiner Blätterpilz aus dem Heer der unauffälligen kleinen Blätterpilze, riecht wie viele andere mäßig einladend nach Rettich, tritt lediglich in Osteuropa häufiger auf – und ist extrem giftig! Sein Gift schädigt die Nieren bis hin zu totalem Nierenversagen.

Der Vergiftete merkt mehrere Tage, manchmal 14 Tage lang nichts. Wird er schließlich als Notfall hospitalisiert, sind die Schädigungen meist irreversibel. Jedes Skandalblatt würde den Pilz als hinterhältigen Killer bezeichnen. Wie wurde dieser Killer überführt?

1952 häuften sich in Polen schwerste, vielfach tödlich verlaufende Vergiftungsfälle mit offensichtlich gleicher Ursache. Natürlich zog man eine Pilzvergiftung in Betracht. Aber alle Patienten verneinten, in den letzten zwei, drei Tagen Pilze gegessen zu haben, die als Ursache in Frage gekommen wären. So strich man die Pilze aus der Liste der Verdächtigen. Der Arzt S. Grzymala strich nichts. Er ging vor wie Levitt. Er fing nochmals von vorne an und nahm nichts für sicher.

Er sammelte beharrlich Informationen über alles und jedes, über die demographische und lokale Verteilung der Fälle, über Tun und Lassen der Erkrankten in den Tagen und Wochen vor ihrer Hospitalisierung, über Auffälligkeiten des Pilzjahres 1952. Dieses Jahr war dadurch aufgefallen, dass man manchenorts den sonst eher raren Orangefuchsigen Hauskopf korbweise hatte zusammenlesen können.

Grzymala wusste um das langweilige Lebensmittelsortiment – man hatte in Polen damals das Nötigste, aber nicht viel mehr. Er kannte den traditionellen Stellenwert der Pilze in der polnischen Küche und die gängige Technik der Konservierung durch Säuerung, die selbst mäßig gut riechende und schmeckende Pilze delikat werden lässt. Und wie bei Levitt machte es auch bei ihm plötzlich *Click!* Woher hatte man eigentlich die Gewissheit genommen, dass *jede* Pilzvergiftung einen Konsum innerhalb der letzten zwei, allerhöchstens drei Tage voraussetze? Falls sich «der Pilz des Jahres 1952» mehr Zeit ließ, war er der Verdächtige Nummer eins. Grzymala machte sich an den Tatnachweis, und der Vortrag, in welchem er wenig später einem Medizinerkongress seine Forschungsergebnisse vorstellte, schrieb mykologisch wie toxikologisch gesehen Geschichte.

Wie Mitte des 20. Jahrhunderts in Polen ist es letztenendes in vielen Fällen die Verbindung von äußerster Aufmerksamkeit, Offenheit und etwas Glück, die fündig werden lässt. Leider ist auch diese Verbindung ihrerseits ein Glücksfall! Kein Wunder, dass viele Zusammenhänge unerkannt bleiben.

Das früher verwendete Bild vom Schmetterling auf Borneo stammt aus der Chaostheorie.

Die Chaostheoretiker behaupten, das Chaos sei etwas ungeheuer Labiles, und letztlich kleinste Ursachen könnten ausreichen, gewaltige Wirkungen zu erzeugen. Dies deshalb, weil entgegen unserem von der Ordnung geprägten Sprachgebrauch letztlich nicht das Chaos ausbreche: vielmehr breche die Ordnung aus. Der Chaostheorie zufolge neigt ein labiles Chaos dazu, aufgrund von geringsten Ursachen in ein – mitunter verheerendes – Ordnungssystem umzuschlagen. Natürlich setzt das voraus, dass ein sehr labiles Chaos auf die eine oder die andere Seite kippen kann. Schluckt man angesichts solcher Informationen erst einmal leer und fragt man dann einen Chaosmathematiker nach einem nachvollziehbaren Wie und Warum, so bekommt man lange Vorträge darüber, wie in diesen Systemen die kleinste Veränderung des Grundmusters zu gewaltigen Folgen in der Gesamtstruktur führen könne und sich das mathematisch auch beweisen lasse. Man wird aufgeklärt über Fraktalrechnung und mathematisch-kippendes Chaos. Am Schluss hat man entweder Kopfweh und Minderwertigkeitsgefühle oder wäre – falls man jetzt drauskommt – ebenfalls zum Chaosmathematiker berufen.

Dabei lassen sich die Labilität des Chaos und damit die Relevanz kleinster möglicher Ursachen ganz ohne Mathematik illustrieren.

Lässt man Wasser machen, was es will, so fließt es bergab. Einen aus den Bergen Richtung Mittelmeer fließenden Fluss in die Nordsee zu lenken, ist nicht unmöglich, aber sehr aufwändig.

Je näher wir der Wasserscheide kommen, desto labiler wird das Gleichgewicht, und oben auf dem Lötschbergpass entscheidet vielleicht ein Windhauch über das Meer, in welchem ein Regentropfen schließlich landen wird, und alle Sekundärfolgen.

Ein klassisches Beispiel mit dem Katastrophenpotential, das zum labilen Chaos gehört, sind *Freak Waves,* zu Deutsch ausgeflippte Wellen. Früher hielt man meist für Seemannsgarn, dass es einzelne haushohe Wellen gebe, die, durch nichts angekündigt, plötzlich in unglaubliche Höhen wüchsen und selbst große Schiffe zerschmettern könnten. Dank Satellitentechnik weiß man heute, dass es solche Wellen gibt und dass sie ungemütlich oft vorkommen. Wie sie entstehen, ist noch weitgehend unbekannt. Man weiß erst, dass in den chaotischen Wellen, die ein Sturm erzeugt, unter Umständen unvermittelt das Ordnungssystem der *Freak Waves* ausbrechen kann. Könnte in einem labilen Gleichgewicht bereits ein Schwimmzug eines Luftmatratzen-Touristen eine *Freak Wave* auslösen? Wahrscheinlich ja.

Verlassen wir zwecks Erholung den Rahmen des menschlich Verständlichen völlig und gehen wir zurück zum Urknall: Wenn damals alles, aus dem sich Materie bilden konnte, zunächst labil chaotisch verteilt wurde, konnte die geringste Ursache auch darüber entscheiden, ob sich die eine oder andere Milchstraße bilden würde.

Es ist definitiv Zeit, zum Thema zurückzukehren. Aber vergessen wir bei der Suche nach Antworten nie völlig: Jeder Mensch und damit auch jeder Straftäter ist Teil des Makrochaos und ein Mikrochaos mit einer ausgesprochenen Vorliebe für *Freak Waves.* Doch müssen solche Wellen die *ultima ratio* bleiben, wenn es darum geht, eine Straftat zu erklären. Wir dürfen erst dann auf sie zurückgreifen, wenn wir alle anderen Erklärungen ausschließen können. Angaben der Betroffenen, Plausibilität, Statistik bilden das ebenso uferlose wie lückenhafte Material und die Hilfsmittel, wenn es darum geht, maßgebliche Faktoren ausfindig zu machen und die Frage zu beantworten: Warum werden Straftaten begangen?

Manches ist Ursache, wirkt völlig unwichtig und war trotzdem auslösend. Immer wieder zeigt sich beispielsweise bei Messerstechereien, dass ein Täter massive Provokationen scheinbar gelassen hinnehmen konnte und dann wegen irgendeiner lächerlichen Bagatelle zustach. Steigende Emotionen lassen sich mit den chaotischen Meereswellen bei Sturm vergleichen, aus denen plötzlich eine *Freak Wave* emporwachsen kann.

Allerdings führt uns diese Feststellung bloß weiter zur nächsten

Frage, warum unter den konkreten Umständen ein so nichtiger Anlass eine *Freak Wave* auslösen konnte.

Sehr, sehr vieles ist Ursache, aber völlig unwichtig! Natürlich hätte ein bestimmter Täter seinen Raubüberfall auf eine Bankfiliale nicht begangen, wenn sich seine Eltern nicht beim Kaffeekränzchen von Tante Eulalia kennen gelernt hätten. In dem Falle würde er gar nicht existieren. Doch dürfte jedermann einleuchten, dass aus den Kaffeekränzchen von Tante Eulalia keine weiteren Schlüsse gezogen werden dürfen – es sei denn, gerade dieses Kaffeekränzchen hätte eine ganze Horde von Schwerstkriminellen als Nachwuchs der damals Eingeladenen hervorgebracht. Dann lohnte es sich zumindest des Unterhaltungswertes wegen, die Kränzchen und ihre Gästelisten und so weiter etwas genauer zu sichten.

Das ökonomisch-statistische Instrumentarium ist mit dem rechtlichen Instrumentarium nicht identisch. Vielmehr leistet es gewissermaßen Vorarbeit. Es stellt klar, dass man es mit einem natürlichen Kausalzusammenhang zu tun hat und nicht bloß mit einer zufälligen Koinzidenz oder mit zwei Fakten, deren Zustandekommen gleichermaßen von einer dritten Ursache gesteuert wird. Es hilft unter Verzicht auf jede ethische, moralische und rechtliche Wertung beim Finden tatsächlicher Ursachenketten. Dann kommt das Instrument ins Spiel, welches das Recht geschaffen hat, um die vielen rechtlich irrelevanten Ursachen von den wenigen relevanten zu trennen. Denn irgendeine Handhabe müssen wir haben, wenn wir uns nicht mit jeder zufälligen Ursache befassen wollen.

Zu diesem Zweck dient das Instrument des *adäquaten ursächlichen Zusammenhangs*. Als adäquate, rechtlich relevante Ursache gilt, was nach dem üblichen Lauf der Dinge und der normalen Lebenserfahrung eine Wirkung nach sich zieht. Das Instrument des adäquaten Kausalzusammenhangs gelangt vor allem zum Einsatz, wo der Zusammenhang zwischen Handeln oder Nichthandeln des Täters und der Taterfolg geklärt werden soll. Es dient dafür im Strafrecht gleichermaßen wie im Zivilrecht (dort insbesondere im Haftpflichtrecht).

Dass die Formel «nach der normalen Lebenserfahrung und dem

gewöhnlichen Lauf der Dinge» leer bleibt, bis wir sie mit einem Inhalt versehen, ist kein Nachteil, sondern ein Vorteil: Er erlaubt, das Instrument für jeden Bereich anzupassen, in welchem wesentliche Ursachen gesucht werden. Seltsamerweise nutzen vor allem Strafrichter dafür kaum je die ökonomischen Instrumentarien, insbesondere das Zahlenmaterial der Statistik. Doch bleibt uns unbenommen, auch diese Instrumentarien einzusetzen.

Der adäquate Kausalzusammenhang ist ein Spitzenprodukt, dessen Anwendung sich weit über die genannten Anwendungsbereiche hinaus empfiehlt! Es dient auch zur Klärung, welche Ursachen aus dem Vorleben des Täters, aus seinen persönlichen Verhältnissen, aus dem Vorspiel der Tat wir als rechtlich beachtliche Ursachen gelten lassen wollen und welche Ursachen wir – wie das Kaffeekränzchen der Tante Eulalia – als zufällige natürliche Ursachen beiseite schieben dürfen.

Zur Entspannung lasse ich zwei Minuten mentales Entspannungsturnen folgen: Eine rechtlich relevante Ursache ist immer eine notwendige, aber nicht immer eine hinreichende Ursache. Zwischen Ereignis und notwendiger Ursache besteht ein natürlicher ursächlicher Zusammenhang, denn beim Fehlen dieser Ursache wäre dieses Ereignis ausgeblieben. Aber in den meisten Fällen hätte diese Ursache für sich allein nicht ausgereicht, dieses Ereignis auszulösen: Sie ist nicht hinreichend. Hinreichend zu sein schafft oft erst ein Konglomerat von Ursachen. Hinreichende Ursachen wiederum können für sich allein betrachtet im konkreten Falle derart zufällig aufgetreten sein, dass ihnen die rechtliche Relevanz abgesprochen werden muss.

Anreiz und Reaktion

Ursache und Wirkung sind nicht gleichzusetzen mit Anreiz und Reaktion. Sie sind lediglich verwandt miteinander.

Die Ursache lässt sich mit einem Tritt in den Hintern vergleichen. Der Anreiz ist die Wurst vor der Nase. Beides kann ursächlich zu einer Reaktion führen, aber zwischen der Ursache und ihrer Wirkung besteht ein primär naturwissenschaftlicher, kausaler Zusammenhang. Anreiz hingegen ist ein hoch kompliziertes Produkt aus persönlichen Erfahrungen, allgemeiner Lebenserfahrung, Informationen der Medien, realistischen und weniger realistischen Zukunfts- und Erfolgsvorstellungen, gedanklichen Abläufen, spontanen Reaktionen, Risikoanalysen dessen, der auf den Anreiz reagiert und so weiter.

Jeder Mensch reagiert letztlich bei allem, was er tut oder lässt, auf Anreize. Der Anreiz ist der Schlüssel zu allem menschlichen Verhalten, *der* steuernde Faktor. Kein Mensch tut etwas einfach so. Jede noch so einfache und selbstverständliche Aktion ist letztlich von irgendwelchen Anreizen gesteuert. Anreiz wirkt sich auf die Willensbildung aus. Er veranlasst uns, so und nicht anders zu handeln im Blick auf irgendeinen gewünschten Erfolg.

Wir putzen unsere Nase, um sie frei zu machen. Das in Aussicht stehende Gefühl von Erleichterung, das sich erfahrungsgemäß nachher einstellt, ist der Anreiz für die einschlägige Benutzung des Taschentuchs (oder anderer Hilfsmittel). Es gibt bereits hier auch gesellschaftliche Anreize. Eine tropfende Nase hat gesellschaftlich gesehen nachteilige Auswirkungen, die wir auf dem Erfahrungsweg kennen lernen. Wir reagieren also auch auf den negativen Anreiz und putzen unsere Nase, um diese Auswirkungen zu vermeiden. Suchen wir das WC auf, folgen wir dem Anreiz, uns Erleichterung zu verschaffen und tun das am hiefür vorgesehenen Ort, damit dem negativen Anreiz folgend, der in der gesellschaftlichen Reaktion auf eine andere Ortswahl liegt.

Hunger ist ein Anreiz zu essen. Wir bevorzugen in der Regel Essen, das nach unserer Erfahrung, nach Medienberichten, nach Berichten von Bekannten und so weiter gut schmeckt.

Anreiz für uns ist das Wohlbefinden, das der gute Geschmack und je nach dem auch das sich einstellende angenehme Sättigungsgefühl wecken. Essen wir freiwillig, was uns eigentlich nicht schmeckt, liegt der Fall etwas komplizierter. Gerade beim Essen spielen gesellschaftliche Anreize oft eine große Rolle. Dann isst man mit oder ohne Hunger im «In-Lokal», weil man dort gesehen werden will, und hält sich bei der Wahl des Menus an das, was «in» ist.

Wir reagieren auf den Anreiz, Geld zu verdienen, weil wir aus Erfahrung, aus Berichten, aus den Medien und wie auch immer zu wissen glauben, was alles wir uns mit dem erworbenen Geld leisten können. Wir reagieren auf den Anreiz, unseren gesellschaftlichen Status zu verbessern, der wiederum einen Haufen verschiedener Anreize vereinigen kann.

Mehr Attraktivität fürs andere Geschlecht, Macht in welcher Form auch immer, Komfort in Form von Ferien, Autos, eigenem Haus, Personal, das erledigt, was einem zuwider ist … Anreize bestehen überall und in Hülle und Fülle.

Erfolg und Misserfolg, Wohlbefinden und unangenehmes Empfinden sind positive und negative Anreize, die unsere Willensbildung steuern. Zu den natürlichen und gesellschaftlichen Anreizen kommen gewissermaßen künstliche Anreize hinzu, die sich unter anderem aus der Rechtsordnung ergeben. Denn auch die Rechtsordnung schafft Anreize negativer und positiver Art.

Drei Feststellungen lassen sich bereits an dieser Stelle machen:

Ob legale Welt, Unterwelt oder Halbwelt – nicht die Fakten, sondern die Vorstellungen über die Fakten sind entscheidend. Willensbildung findet als psychologischer Vorgang *im* Menschen statt, und damit ist maßgeblich, was sich der Mensch zum Beispiel als möglichen Erfolg vorstellt. Ist diese Vorstellung falsch und kann er sie nicht vor der Willensbildung korrigieren, so wird sie die Willensbildung beeinflussen. Der Einbrecher wird die leere Lagerhalle knacken, wenn er sich vorstellt, dort eine Ladung Goldbarren vorzufinden. Ohne einen Anreiz handelt auch derjenige nicht unmoralisch oder unethisch, begeht insbesondere auch derjenige kein Delikt, der grundsätzlich dazu bereit wäre. Niemand, der Beute sucht, bricht in ein Lagerhaus ein, von dem er weiß, dass es keinerlei Beute enthält. Und einer, der sich als Künstler und aufgeschweißte Metalltüren in fremden Liegenschaften als seine Kunstwerke versteht? Der dringt nicht ein, wenn er bloß Holztüren erwartet.

Irrige Vorstellungen und ihre Folgen sind meist viel komplexer als im Goldbarrenfall. Aber auch dort, wo Erfolgsaussichten aller Art überschätzt, Vorbilder missverstanden werden, Vorstellungen über das Zusammenleben in einem bestimmten Milieu grotesk idealisierend und falsch sind, gilt: Sie und nicht die tatsächlichen Umstände geben den Ausschlag.

Am stärksten wirkt generell der kurzfristige Anreiz. Er verdrängt längerfristige Anreize auch dann, wenn man grundsätzlich erwarten könnte, sie würden standhalten. Ein ganz simples Beispiel liefert wieder das Essen: Verspüren wir Hunger und fällt die kurzfristige Befriedigung durch eine üppige und rundum ungesunde Mahlzeit mit vielen zusätzlichen Süßigkeiten leicht, so verdrängt der Anreiz der dadurch möglichen Befriedigung nur allzu leicht jeden längerfristigen Anreiz, die Gesundheit durch cholesterinarme Kost zu erhalten, wieder einmal in die alten Jeans reinzukommen, den Arzt nicht wieder anlügen zu müssen.

Steht kurzfristige sexuelle Befriedigung in Aussicht, so bleibt nur allzu oft kein Platz mehr für Überlegungen zu gesundheitlichen Risiken oder zu gesellschaftlichen und rechtlichen Folgen wie ungeplanter Nachwuchs oder Ehekrise. Liegen ein kurzfristiger Anreiz/Erfolg und ein längerfristiger, womöglich negativer Anreiz/Erfolg im Rennen, so gewinnt in der Regel sogar dann der schnelle Weg zum schnellen Ziel, wenn der langsame Weg nicht bloß deutlich mehr verspricht, sondern sein Versprechen auch eher einlösen wird. Wir werden weniger durch die Vernunft gesteuert, und der Anreiz der Geschwindigkeit ist viel zentraler und bestimmender, als wir das wahrhaben wollen.

Ob Oberwelt, Unterwelt oder Halbwelt, der Anreiz an und für sich kommt vor Moral, Ethik und Recht. Er ist einfach da, lädt einfach ein, egal ob zu ethischem oder unethischem Handeln, zu zulässigem oder verbotenem Handeln. Meist kann ein und derselbe Anreiz uns sowohl zu legalem wie auch zu illegalem Handeln bringen. Nur in Ausnahmefällen bildet das Verbot, bildet die Illegalität selbst einen speziellen Anreiz. Mitunter gilt das für Delikte von Heranwachsenden, die ihre Grenzen austesten wollen, etwa beim Autofahren mit überhöhter Geschwindigkeit, bei Schlägereien, bei jedem Sich-mit-anderen-Messen. Besonderheiten finden sich weiter in der Halbwelt, die über die Allerweltsanreize hinaus ihre ganz spezielle Reizstruktur aufweisen kann, auf die ich noch kommen werde.

Sie werden nun fragen und/oder ausrufen: Wann – bitte – kommen denn Ethik und Moral zum Zug?

Sie wissen genau, wonach Sie da rufen. Ich weiß es nicht so genau. Moral, Gesetz und Ethik sind unterschiedliche Teile der Summe aller Normen, die eine Gesellschaft steuern. Geht es allerdings darum, Ethik oder Moral zu definieren und die Grenze zwischen beidem zu ziehen, hört der Spaß auf.

Die gängigste Ansicht auch in der modernen Philosophie lautet, dass Moral für den gemeinsamen Komplex der Regeln, Normen und Wertmaßstäbe einer Gemeinschaft stehe; das Gesetz wäre dann fixiertes Regelwerk einer kollektiven gesellschaftlichen Moral. Ethik hingegen steht für die individuelle Reflexion der allgemeinen moralischen Kategorien und in der Konsequenz für das, was jeder ganz privat für sich selbst zusammengebastelt habe und nun befolge. Die allgemeine Ethik «bricht» die Grundfragen moralischen Handelns auf die praktischen Fragen des richtigen und falschen Handelns herunter.

Gleichzeitig gilt aber Ethik als weit, Moral als eng, Ethik als das Noblere, das Intellektuellere von beidem: So zieht man in der Wirtschaft die Wirtschaftsethik der Wirtschaftsmoral weit vor. Zum Glück kann ich Ihnen und mir ersparen, was Bibliotheken füllt. Für dieses Buch ist eine exakte Unterscheidung und Definition der beiden außerrechtlichen Regelsysteme unnötig. Nötig ist nur die Feststellung, dass sie einwirken, und die Untersuchung, wie sie das tun.

Ob Vorstellungen realistisch sind oder nicht, hat mit Ethik und Moral erst einmal nichts zu tun. Deswegen finde ich zur Erklärung bestimmter gesellschaftlicher Verhaltensmuster den Begriff *Anreiz* beesser und hilfreicher.

Ethik und so weiter kommen erst zum Zug, wenn es um die Reaktion auf Anreize geht. Sie können und sollen die Willensbildung des Einzelnen beeinflussen, also dazu beitragen, dass eine bestimmte Person einem Anreiz folgt oder eben nicht. Ethik und Moral können auch indirekt mitwirken. So haben sie ihren Niederschlag in Verboten und Strafdrohungen gefunden; so bilden diese Verbote Negativanreize und damit weitere Elemente in der Willensbildung beziehungsweise in der Risikoanalyse des potenziellen Täters.

Der Anreiz, die eigene Position dadurch zu verbessern, dass man Geld verdient, möglichst *viel* Geld verdient und es möglichst *schnell* verdient, ist einer der Grundanreize unserer Gesellschaft. In der legalen Wirtschaft trägt er lauter positiv besetzte Bezeichnungen wie Erwerbsstreben, Gewinnstrebigkeit, Einsatzbereitschaft.

Beim Straftäter, der aus wirtschaftlichen Motiven gehandelt hat, sprechen wir von niederen finanziellen Motiven, von Gewinnsucht.

Genau betrachtet ist aber die Triebfeder die gleiche. Erst bei der Wahl der Mittel – und wirklich erst dann! – trennen sich die Wege.

Die Anreize, welche die Wahl des Weges beeinflussen, sind mehrheitlich für alle drei Welten die gleichen. Das gilt auch für Schlüsselreize, die wir schnell einmal als typisch für Unterwelt oder auch nur Halbwelt abstempeln – wie Einfachheit des Weges oder freier Zugang zum Weg (es braucht keine Ausbildung, kein Kapital). Auch in der legalen Welt steigt mit der Einfachheit des Weges die Wahrscheinlichkeit, am Ziel anzukommen. Auch hier schätzt und überschätzt man die Schnelligkeit oder den Umstand, dass einem keine Voraussetzungen, die man nicht mitbringt, abverlangt werden. Die weitestgehende Kongruenz der Anreize in legaler und halb- bis illegaler Welt ist offenkundig:

Der Anreiz, den Spitzenverdiener wie die CEOs führender Bank- oder Pharmafirmen auf Nachwuchskaderleute ausüben, ist grundsätzlich nicht zu unterscheiden vom Anreiz, den ein erfolgreicher Gangster für seine Mitarbeiter, für seine potenziellen Nachfolger oder Konkurrenten setzt.

Der Anreiz der Schnelligkeit des finanziellen Erfolges ist der gleiche für den Käufer eines Lotterieloses und für den Einbrecher.

Die Aussicht auf maßlos überhöhte Gewinne setzt in der Wirtschaftskriminalität einen Anreiz nicht bloß für potenzielle Täter, sondern auch für potenzielle Opfer – und in der Regel erliegen nicht bloß erstere!

Bietet der legale Weg den gleichen Anreiz wie der illegale, so macht erfahrungsgemäß er das Rennen. Natürlich überlegt und rechnet dabei nicht jeder Halb- oder Unterweltler rundum rational. Aber jeder macht eine Risiko-Kosten-Nutzenrechnung. Illegale oder auch nur halblegale Aktivitäten pflegen nur dann den Sieg über legale davonzutragen, wenn die Risikoanalyse klar für sie spricht. Warum sollte irgendwer den Laden des Konkurrenten anzünden, wenn eine kleine Dumpingaktion ausreicht, ihn ganz legal in den Ruin zu treiben? Brandstiftung ist verboten, mit Strafe bedroht, also riskant. Verbot und potenzielle Strafe bilden einen negativen Anreiz. Ein Gegengewicht ist nicht in Sicht. Also wird die Feuerwehr nicht ausrücken müssen.

Aus den gleichen Überlegungen heraus wird der potenzielle Täter in der Regel von zwei sich anbietenden Straftaten die weniger schwerwiegende wählen, wenn bereits sie genügt, sein Ziel zu erreichen. Er zieht den Diebstahl dem Raub vor und achtet drauf, nur in leerstehende Wohnungen einzudringen. Er nimmt für den Raub eine echt aussehende Spielzeugpistole mit und keine richtige. Denn zumindest die mögliche Strafe spielt unbewusst bei ihm eine Rolle – denn sonst könnte er seine Tat ja auch in aller Öffentlichkeit begehen.

Verbot und Strafe

Was ist eine Strafe, wenn wir sie unter dem Gesichtspunkt des Anreizes betrachten?

Die Antwort scheint auf der Hand zu liegen. Wo der Staat ein Verhalten verbietet und unter Strafe stellt, möchte er einen negativen Anreiz schaffen, also darauf hinwirken, dass etwas nicht geschieht. Das braucht nicht zwingend ein Tun zu betreffen – es kann auch ein Bleibenlassen betreffen. Strafbar machen sich der Polizist, der trotz ernst zu nehmender Hinweise auf ein Offizialdelikt nichts tut oder der Bergwanderer, der einem Verunglückten keine Hilfe leistet. Wie sehr auch im modernen Strafrecht der Gedanke der Resozialisierung mittels Erziehung, Ausbildung, Therapie betont werden mag, der Grundgedanke bleibt immer der Gleiche: Ein Verhalten soll, weil aus der Sicht der Gemeinschaft unerwünscht, eine Konsequenz nach sich ziehen, die dem Betroffenen in so hohem Maße unangenehm ist, dass er sich wie erwünscht verhält.

Geht das wirklich nicht ohne Verbot und Strafe? Die Antwort muss klar nein lauten. Dürfte man davon ausgehen, dass jeder die moralischen und ethischen Regeln seiner Gemeinschaft respektieren und darum stets korrekt denken und handeln würde, so wäre es unnötig, irgendetwas unter Strafe zu stellen.

Aber die Erfahrung zeigt: Reale menschliche Gemeinschaften funktionieren nicht so, haben es noch nie getan und werden es wohl nie tun. Der Mensch ist ein anreizgesteuertes Wesen und lässt sich auch von gesellschaftlich dermaßen unerwünschten Anreizen steuern, dass man ihn nicht einfach machen lassen kann – derlei liefe auf die Bankrotterklärung der Gemeinschaft hinaus. Es ist auch nicht akzeptabel, dass eine organisierte menschliche Gemeinschaft den Einzelnen drauf verweist, sich selber sein «Recht» zu verschaffen.

Tötet der A den B und übernimmt keine staatliche oder sonstige Gemeinschaft die Bestrafung des A, so bleibt den Hinterbliebenen des B nur noch die Wahl zwischen der Hinnahme des Übergriffs und irgendeiner Form der Selbsthilfe. Nimmt der A dem B etwas weg und kommt nicht die Gemeinschaft dem B zu Hilfe, so wird er B, falls er sich irgendeine Chance auf Erfolg ausrechnen kann, versuchen, sein Eigentum mit Gewalt zurückzuholen oder dem A etwas anderes, mindestens Gleichwertiges wegzunehmen – oder sich zulasten des C schadlos zu halten, womit wir anstelle der anfänglichen zwei Parteien bereits drei hätten.

Die gleiche fatale Eskalation resultiert auch im Fall einer Körperverletzung oder einer Ehrverletzung. Wo immer Betroffene einen

Schaden nicht in aller Ergebenheit akzeptieren können – und solche Ergebenheit ist keine Stärke des Menschen –, geraten Gewalt und Schäden ins Wuchern, und die Gemeinschaft läuft Gefahr, mit der Zeit davon zerstört zu werden. Folglich kommt keine Gemeinschaft darum herum, Verhalten zu pönalisieren, das ihr schaden könnte. Jeder Staat stellt Eingriffe in Leben, körperliche Integrität, Eigentum und vieles andere mehr unter Strafe. Die gleichen grundlegenden Verbote finden wir auch in nichtstaatlichen Regelsystemen – Religionen, Ethik und Moral. Das Ziel bleibt sich gleich, egal ob diesseitige oder jenseitige Strafen angedroht werden: Zum Schutz der Gemeinschaft als Ganzes muss und will die Strafdrohung einen negativen Anreiz setzen.

Wenn vorhin festgestellt wurde, dass sich in diesem Bereich keine menschliche Gemeinschaft Untätigkeit leisten könne, ist das wörtlich zu nehmen: Menschliche Gemeinschaften außerhalb der staatlichen Rechtsordnung sehen sich mit dem Problem genauso konfrontiert wie ein Rechtsstaat. Auch sie kommen nicht darum herum, Regeln und Verbote zum Schutz ihres speziellen Ordnungssystems aufzustellen.

Die Ganovenehre hat letztlich keine andere Aufgabe als die Moral der legalen Gesellschaft. Auch sie verbietet dem Einzelnen, zu seinem ganz persönlichen Vorteil die Gemeinschaft zu gefährden oder gar zu schädigen, und genau wie in der legalen Welt reicht das Verbot allein nicht weit. Nur weil anderes verboten ist, kann man noch lange nicht damit rechnen, dass jeder den Ehrenkodex respektiere. Zwar wird – so wie in der legalen Welt praktisch jedermann sagen wird, dass er sich an Gebote auch ohne strafrechtliche Drohung halten würde – auch der Unterweltler erklären, dass bereits seine Grundhaltung ihm verunmögliche, einen Kollegen zu verraten.

Aber die Realität sieht anders aus: Genauso wie staatliche Normen werden jene der Ganovenehre laufend verletzt, und das geschähe noch viel öfter, wenn es sanktionslos geschehen könnte. So müssen auch hier Sanktionen dafür sorgen, dass der Einzelne auf Verstöße doch lieber verzichtet. Was der legalen Welt die Sanktionen ihres Strafrechtes, sind der sizilianischen Cosa Nostra oder der napolitanischen Camorra die berühmt-berüchtigten Morde an Verrätern. Aber lange nicht alle Sanktionen sind ihrerseits Straftaten. Sehr oft reicht schon die Drohung, dass einer, der seine Abnehmer, Lieferanten, Partner verrät, nachher keine Vertragspartner mehr finden würde und sein Wirkungsfeld wechseln müsste. Oft genug reicht sogar die Gefahr eines bloßen Gesichtsverlusts ohne nennenswerte wirtschaftliche Folgen. Das sind Druckmittel, welche die legale Welt genauso kennt, einsetzt und billigt.

Ein auffälliger Unterschied zwischen staatlichem Strafrecht und Ehrenkodices wie der Ganovenehre besteht allerdings und verdient es, besonders erwähnt zu werden. Das Normen- und Sanktionensystem der Unter- und Halbwelt neigt nicht zum Luxurieren: Es begnügt sich mit den grundlegenden Verhaltensnormen und gegebenenfalls den entsprechenden Sanktionen für deren Missachtung. Es bleibt damit überschaubar und selbst für eher einfache Gemüter verständlich – wird es dann auch noch sentimental verklärt, landen wir in der Räuberromantik mit all ihren edlen Outlaws, die der Ganovenehre einen Ehrenplatz unter den Weganreizen verschafft.

Ganz anders das staatliche Strafrecht in allen Bereichen. Da ist die Beschränkung aufs unbedingt Notwendige die Ausnahme, das Luxurieren fast schon die Regel. Man stellt nicht bloß immer mehr unter Strafe und weitet das Strafrecht ständig aus, während Liberalisierungen selten sind und regelmäßig hart erkämpft werden müssen. Man neigt auch dazu, die Grenzen zwischen Erlaubtem und Verbotenem immer komplizierter zu gestalten.

Denn wenn es einen Bereich gibt, in welchem der Appetit mit dem Essen kommt, sind es die Gesetzgebung und die Verordnungen. Von raren Ausnahmen abgesehen, wird der Gesetzgeber desto produktiver, je größer der Haufen von Gesetzen ist, den er schon produziert hat, und am liebsten produziert er Verbote. Sie boomen nicht, sie entwickeln sich geradezu explosionsartig – und mit ihnen ihre Vorläuferinnen, die Warnungen. Interessanterweise führen sie in weiten Bereichen dazu, das System der positiven und negativen Anreize derart zu verwässern, dass sie die damit verbundenen Ziele konterkarieren.

Was im Großen passiert, passiert auch im Kleinen: Prohibition im Kleineren bis Kleinsten. Die Bevölkerung wird pausenlos vor neuen Gefahren geschützt.

Welches Verhalten als unerwünscht und deshalb strafenswert erscheint, ist weitgehend zu einer politischen Entscheidung geworden und fällt aufgrund irgendwelcher politischer Präferenzen und Feindbilder.

Natürlich bemüht jedermann für seine Sicht allgemein anerkannte moralische und ethische Gründe, aber häufig haftet der Entscheidung pro Weiterausbau der Gesetzgebung viel Willkürliches an. Soll es strafbar sein, zu rauchen? Soll das Anpflanzen von Hanf strafbar sein? Soll es strafbar sein, Hanf zu konsumieren? Soll es strafbar sein, Alkohol zu trinken? Soll Prostitution strafbar sein? Eigentlich würde man als Antwort erwarten: Nur wenn und soweit ein ausreichendes Schadenspotenzial nachgewiesen werden kann – und im Zweifel nie. Eigentlich nähme man folgende Abfolge für selbstverständlich:

Ein Verhalten fällt als massiv gemeinschaftsschädlich auf.

Es erwächst daraus das politische Bedürfnis, diesem Verhalten einen Riegel zu schieben.

Der Gesetzgeber erlässt ein entsprechendes angemessenes Verbot mit einer ebenso angemessenen Strafsanktion und alle – oder wenigstens fast alle – sind glücklich.

Schön wäre es. Die Wirklichkeit ist leider komplizierter.

Bei vielen strafrechtlichen Normen, die sich nicht mit dem Schutz elementarer Rechtsgüter wie Leib und Leben oder Eigentum befassen, darf beziehungsweise muss man sich fragen, was Ursache und was Wirkung war. Erwies sich irgendein Verhalten als so schädlich für die Gemeinschaft, dass der Kampf dagegen den Strafgesetzgeber auf den Plan rief? Oder pönalisierte der Gesetzgeber irgendein Verhalten, das bis dahin niemanden groß gestört hatte, und brandmarkte es damit als schädlich?

Wie häufig die zweite Reihenfolge bestimmend war und ist, belegt bereits der ständige zeitliche Wandel des Strafrechts. Überall kommen und verschwinden die Vorschriften wie Eintagsfliegen. Das Europa des Mittelalters und der frühen Neuzeit produzierte pausenlos Sittenmandate, die bereits der nächste Modewechsel zur Makulatur degradierte.

Neues wurde in der Regel erst einmal verboten: Strafbar machte man sich mit dem Konsum von Schokolade (kurz nach Ankunft des Kakaos noch keine Delikatesse), mit dem Kartoffelanbau, mit dem Besteigen des Pilatus (lange Zeit von der Luzerner Regierung verboten). Bewirkten solche Verbote das genaue Gegenteil des Gewünschten, so wehklagte die Obrigkeit über die allgemeine Verderbtheit – um postwendend beim Kaffee den gleichen Fehler zu machen wie vorher bei der Schokolade.

Gemeinsam ist diesen und zahllose weiteren Beispielen, dass von einem nachgewiesenen Schadenspotenzial meist keine Rede sein konnte oder bestenfalls Spatzen ins Visier der Kanonen geraten waren. Dafür passierten verschiedenste objektiv gefährliche Medikamente als harmlos den gesetzlichen Kontrollvorgang und durften hergestellt, gehandelt und konsumiert werden.

Bevor wir frühere Jahrhunderte belächeln, sollten wir an die USA denken, die in der ersten Hälfte des 20. Jahrhunderts ein Hin und Her in Sachen Alkohol boten, dessen Nachwirkungen bis heute nicht ausgestanden sind. Man hätte daraus lernen können und müssen, aber stattdessen ging man nun auf die Drogen los. Vorher war Cannabiskonsum eine unwichtige Selbstverständlichkeit, wo immer Hanf angebaut wurde. Der Konsum von Opiaten und Kokain wurde zumindest toleriert. Dann läuteten Betäubungsmittelgesetze das Ende der Toleranz – und den Beginn des ganz großen Geschäfts! – ein.

Die Strafbestimmungen nehmen in einem Ausmaß zu, welches neue Erkenntnisse zu realen Gefahren nicht mehr erklären können.

Zur historischen Vielfalt kommt die geografische Vielfalt hinzu. Die Ansichten über die Strafbarkeit gehen nicht nur von einem Kontinent zu anderen, sondern oft schon zwischen Nachbarstaaten erheblich auseinander. So muss, wer in der Schweiz auf der Autobahn mit 250 km/h fährt, damit rechnen, nicht nur wegen schwerer Verkehrsregelverletzung, sondern sogar wegen versuchter vorsätzlicher Tötung bestraft zu werden, was auf mehrere Jahre Gefängnis hinauslaufen kann. Auf der anderen Seite der Grenze, in Deutschland, passiert derselbe Lenker straffrei, sofern die Verhältnisse das Tempo erlauben und keine andere Höchstgeschwindigkeit signalisiert ist.

Die Prostitution ist heute in praktisch allen US-Gliedstaaten verboten. In vielen Gliedstaaten macht sich nicht nur die Prostituierte strafbar, sondern auch der Freier, der ihre Dienste in Anspruch nimmt.

Gemäß einer Pressemeldung vom Sommer 2007 durften in einer besonders moralingetränkten US-Stadt in einem ausgehobenen Puff erwischte Kunden wählen: 30 Tage Haft oder ein paar Stunden beim Tatort am Pranger, lächerlich verpackt in ein Gockelkostüm! Das Kostüm hatte der zuständige Richter mit Bedacht ausgewählt: So ließ sich gleich auch das nächstgelegene Erotikcenter außerhalb seines Zuständigkeitsbereiches, das «Chickenfarm» hieß, lächerlich machen.

In Westeuropa hingegen bemüht man sich, die Prostitution als eine legale Erwerbstätigkeit wie jede andere auch zu behandeln. Allerdings besteht immer noch eine Neigung, in der Gesetzgebung oder zumindest bei der Anwendung der neuen Normen wieder zur altvertrauten Verbotspraxis zurückzukehren. So bedroht Schweden Freier von Zwangsprostituierten mit Strafe, und nach dem bundesdeutschen Bericht über fünf Jahre Erfahrungen mit dem liberalisierten Prostitutionsgesetz wird eine Übernahme dieser Normen als angezeigt bezeichnet. Zur Begründung dienen moralische Erwägungen über das Selbstbestimmungsrecht der Frau.

Natürlich gehört die Zwangsprostitution bekämpft. Aber bringen uns neue Spezialbestimmungen wirklich weiter als eine konsequente Anwendung der geltenden Normen zum Schutz von körperlicher Integrität und Selbstbestimmung? Sind mit einer derartigen Gesetzgebung die Reize richtig gesetzt?

Die Wahrscheinlichkeit unerfreulicher Nebenwirkungen liegt klar über jener von positiven Ergebnissen. Denn der Freier könnte sich in den seltensten Fällen Gewissheit verschaffen, ob eine Prostituierte ihre Arbeit freiwillig tue oder nicht. Er müsste insbesondere bei ausländisch wirkenden Prostituierten grundsätzlich damit rechnen, er verkehre mit einer Zwangsprostituierten im Sinne des Gesetzes und mache sich strafbar. Daraus würde ein erhöhter Preisdruck auf ausländische Prostituierte resultieren. Speziell hart betroffen wären schwarz arbeitende Prostituierte, die ihre Dienstleistungen unter Umständen zu Dumpingpreisen anbieten müssten, um das Risiko für ihre Freier durch einen finanziellen Anreiz zu kompensieren.

Ob diese Verschlechterung aufgewogen würde durch einen deutlichen Rückgang der Zwangsprostitution, darf man bezweifeln. Zu bedenken wäre auch, dass die Anwendung einer solchen Norm schnell ins Uferlose und über Umwege zurück zur totalen Illegalisierung führen könnte. Ich sehe da keine Gespenster: Eine Kostprobe solchen Denkens bietet eine Stellungnahme der Zürcher Staatsanwaltschaft an das Obergericht des Kantons Zürich in einem Fall betreffend Förderung der Prostitution und Menschenhandel. Die zuständige Staatsanwältin legt dar: «Keine Frau ergreift die Tätigkeit als Prostituierte freiwillig ...» Damit gäbe es praktisch nur noch Zwangsprostitution.

Die eben angestellten Überlegungen dürfen und müssen beunruhigen, denn sie machen klar: Es reicht nicht, dass ein Verbot gut gemeint ist. Gut gemeinte, vielleicht sogar erhaben klingende, aber in Bezug auf ihre praktischen Auswirkungen nicht genügend durchdachte Normen haben ein hohes Schadenspotenzial. Zum einen kann man oft von Glück reden, wenn die Missstände, die man hat bekämpfen wollen, nicht zunehmen. Zum anderen tut sich jeder Justizapparat schwer mit dem Eingeständnis, man habe eine Sache falsch angepackt. Lieber entlastet er sich mit der Behauptung, man habe zwar einen ersten Schritt in die richtige Richtung getan, verfüge aber nach wie vor nicht über genügend griffige Werkzeuge, sprich Gesetze, um das Ziel zu erreichen.

Das sorgt dann für politische Vorstöße, es sei die Gesetzgebung weiter auszubauen, neue Normen, neue Einrichtungen zu deren Durchsetzung seien notwendig. Nur ganz selten macht sich jemand Gedanken darüber, ob ein verpöntes Verhalten wirklich Schaden anrichte und/oder ein Verbot sinnvoll sei. Zu diesen Raritäten zählen die Aufhebung der Prohibition, die Liberalisierungen im westeuropäischen Prostitutionsrecht, die weit verbreitete Diskussion um die Legalisierung von Hanfprodukten.

Solche Misserfolge aller Größenordnungen sind nur für denjenigen rätselhaft, der glaubt, bereits das Gesetz selber setze Anreize und löse damit Probleme. Er übersieht dabei, dass das Gesetz als moralisch-ethische Richtlinie weder positive noch negative Anreize setzt.

In der normalen Gesellschaft wie in der Unterwelt und in der Halbwelt kann nur die effektive Durchsetzung des Gesetzes, also die Aufklärung der Delikte und die Ausfällung der entsprechenden Strafen, Anreizcharakter haben. Erst durch die Anwendung des Gesetzes entsteht für denjenigen, der es missachtet, ein Risiko. Erst in Verbindung mit diesem Risiko bildet das Gesetz einen «Kostenfaktor», den der potenzielle Straftäter in seine Risikobeurteilung einbeziehen wird.

Einbezug heißt allerdings noch nicht, dass die Tat unterbleiben wird. Kann ein Markt die Kosten tragen, weil er eine recht stabile Kundschaft aufweist, so führen neue Risiken und Kostenfaktoren oft lediglich dazu, dass die Kosten auf den Schwächsten im ganzen Bereich abgewälzt werden. Unterwelt- und Halbweltmärkte machen da keine Ausnahme. Im Drogenhandel verteuert das Gesetz letztlich einfach die Droge – ein Teil der Ware wird beschlagnahmt, man muss für Geheimhaltung sorgen und so weiter.

In der Prostitution steigt der Druck auf die Prostituierte, die ihren Logisgeber für das Risiko bezahlen muss oder auf Unterweltschutz angewiesen ist, weil sie keinen legalen rechtlichen Schutz in Anspruch nehmen kann.

Ein weiteres folgenschweres Missverständnis betrifft die Zielanreize. Sie sind, wie noch zu zeigen sein wird, oft die gleichen für alle drei Welten und liegen außerhalb dessen, was die staatliche Gesetzgebung beeinflussen kann. Die Gesetzgebung kann nur Weg- und vor allem Rahmenanreize schaffen! Das heißt, sie kann mit zivilrechtlichen, verwaltungsrechtlichen und strafrechtlichen Bestimmungen die Rahmenbedingungen für einen als illegal erklärten Weg verändern und damit zusätzliche Risiken schaffen und Kosten erhöhen. Dabei garantiert eine Erhöhung von Risiken und Kosten nicht den angestrebten Erfolg. Sie kann sogar kontraproduktiv wirken. Lassen sich die Kosten überwälzen, so kann sie einen Unterweltmarkt überhaupt erst interessant machen und darum entstehen oder wachsen lassen. Die heutigen Marktpreise für harte Drogen sind reine Risikopreise. Bei einem dermaßen hohen Risiko, Eigentore zu schießen, empfiehlt sich für den Gesetzgeber, bei der Setzung von Rahmenanreizen sehr sorgfältig vorzugehen.

Wie soll er vorgehen? Eine einfache Überlegung, die im Zivilrecht durchaus gängig ist, seltsamerweise aber die Strafrechtsgesetzgebung so gut wie gar nicht beeinflusst, schützt vor weltfremden Regelungen: Im Wesentlichen sind wir alle gleich! Die Angehörigen von Unterwelt und Halbwelt sind keine Aliens. Sie sind in unsere Gesellschaft hineingeboren und unterliegen den gleichen Denkschemata, haben grundsätzlich die gleichen Ziele wie Individuen der Oberwelt und machen sich weitgehend die gleichen Gedanken wie wir darüber, ob ein Weg sinnvoll sei und Erfolg verspreche oder nicht. Unterwelt und Halbwelt sind und bleiben unser Spiegel. Zudem ist ein Halbweltler nicht einfach in allen Lebensbereichen ein Halbweltler, und ein Angehöriger der Unterwelt wählt nicht aus Prinzip den deliktischen Weg, sondern beide beschreiten den legalen Weg, wenn dieser ebenso leicht zum Ziel führt.

Verbrechen um des Verbrechens willen sind selten, auch wenn man häufig den Formulierungen «ein sinnloser Mord» oder «sinnloses Morden» begegnet. Beliebt sind diese Formulierungen vor allem im Zusammenhang mit kriminellen Organisationen und deren Aktivitäten. Sie suggerieren, die «Bösen» seien Wesen von einem anderen Stern und ihre Gedankengänge praktisch nicht nachzuvollziehen.

Sieht man sich allerdings den zweiten Mafiakrieg in Sizilien an, der viele Hunderte von Menschenleben kostete, stellt man fest: «Sinnlos» waren die Morde nie. Auch eine kriminelle Organisation wie die Mafia betreibt Morde nicht l'art pour l'art, sondern sucht ganz bestimmte Erfolge.

Der von Mafiaangehörigen Anfang der Neunzigerjahre ermordete Richter Giovanni Falcone bemühte sich stets, diese Logik deutlich werden zu lassen. Falcone legte dar, dass die Mafia bei ihren Morden keineswegs den grausamstmöglichen Weg gehe, sondern effizient gerade das tue, was notwendig sei, um das Ziel zu erreichen. Wo eine Kugel genüge, benütze man eine Kugel. Wo man jemanden in die Hände bekommen und erwürgen könne und danach vielleicht sogar die Leiche verschwinden lassen könne, tue man das und verzichte auf jegliche Demonstration des Bösen als Selbstzweck. Die Ironie des Schicksals wollte es, dass Falcone auch ausführte, Explosivstoffe würden nur dort verwendet, wo die anderen Mittel versagten. Sei die gejagte Person ausschließlich in gepanzerten und bewachten Limousinen unterwegs, wohne und arbeite sie in perfekt geschützten Räumen, komme man auch auf dem kurzen Weg zum Auto beziehungsweise zum Haus nicht an sie heran, so bleibe bloß noch Sprengstoff. Falcone starb mit seiner Ehefrau zusammen in seiner gepanzerten Limousine wegen einer unter der Straße vergrabenen TNT-Ladung, die so stark war, dass auch im Begleitkonvoi fahrende Leibwächter mit ihrem Leben bezahlten.

Falcones Aufruf zur Sachlichkeit blieb weitherum ungehört. Offenbar ist vielen Menschen das Gefühl, Verbrecher und allenfalls bereits Halbweltler seien vom Bösen besessen, wertvoll. Liegt es an einer uralten Scheu oder gar Angst vor dem Komplizierten, dass wir manchmal von ganz klaren Grenzen träumen? Viele Menschen träumen nicht bloß privat und gelegentlich, sondern dauerhaft. Manche fordern gar öffentlich in irgendeinem Bereich das Recht auf solche absolut klaren Grenzen: keine Kompromisse mehr – weiß oder schwarz! Keine Kompromisse mehr – gut oder böse! Ordnung! Schluss mit aller Sentimentalität. Eine klare Ordnung muss endlich (wieder) her!

Bei mir meldet sich ausgerechnet dann, wenn ich solchen Ordnungsfreaks zuhöre, wieder einmal das rechte und tugendhafte Fauenzimmer Sabinchen und warnt. Das arme Sabinchen ist in der ersten Strophe reinweiß und bequem. Dann tut sie Unbequemes – also wird sie schwarz. Dass das schwarze Sabinchen erstochen wird, kann der Moritat kein Wort des Bedauerns mehr entlocken – und woher der fatale Schuster kam, ist sowieso nur am Rande ein Thema («Da kam aus Treuenbrietzen ein junger Mann daher»), die Schwarzen interessieren nicht.

Bloß die Moral von der Geschicht tut es, weil sie genehm ist. Kein Wunder, haben gesellschaftskritische Dichter wie Brecht gerne Gegen-Balladen geschrieben.

Eine klare, einfache Ordnung dank der Rückkehr zu Schwarz und Weiß? Wer immer hiervon Ordnung *all over* erwartet, sollte sich ein bisschen mit Druckgrafik befassen. Auch mit Schwarz und Weiß lässt sich sehr Kompliziertes oder gar Unmögliches schaffen – Piranesi und Escher seien wärmstens empfohlen.

Die vielleicht uralte Angst vor Grautönen als etwas Kompliziertem liegt auch der Unbarmherzigkeit zugrunde, die unsere Gesellschaft denen zuteil werden lässt, die sie als Lichtgestalten erkoren hat.

Grenzen für Lichtgestalten

Klammert sich der Einzelne in seinem ganz privaten Raum an die Vorstellung, man sei entweder gut oder böse und dem Guten drohe keine Gefahr, so richtet er damit kaum Schaden an. Anders sieht es dann aus, wenn auch Gesetzgeber so denken, denn ihnen verstellt es dem Blick auf die Möglichkeiten und die Grenzen der Gesetzgebung und -anwendung, wenn es darum geht, sinnvolle Anreize zu schaffen und erfolgreiche Gesetze zu erlassen.

Wir alle sind ständig einer riesigen Menge von Anreizen ausgesetzt. Wir reagieren auf sie. «Stimmen» die Anreize und die Rahmenbedingungen, so treffen Menschen unter Umständen die Entscheidung zu Gunsten der Unterwelt beziehungsweise zugunsten des Eintritts in die Halbwelt.

Man handelt nicht aus Prinzip böse oder unmoralisch. Ein Delikt resultiert normalerweise aus entsprechenden Anreizen. Der Kreis schließt sich: Wir sind wieder einmal bei der Chaos- und Katastrophentheorie angekommen.

Ihr zufolge ist alles determiniert. Wegen der riesenhaften Menge von Ursachen können wir nicht in die Zukunft extrapolieren und keine sicheren Vorhersagen machen. Nachträglich können wir hingegen sehr wohl feststellen, welche Ursachenkette schließlich welche Auswirkung gehabt hat. Angewendet auf Entscheidungen besagt die Katastrophentheorie, dass allerkleinste Entscheidungsschritte genügen können, um weitere Entscheidungen auszulösen, deren letzte vielleicht von enormer Tragweite sein kann. Natürlich zeichnet niemals nur eine Ursache, nur ein Anreiz allein verantwortlich für eine Folge: Es wirken eine Vielzahl von Ursachenketten und eine Vielzahl von Anreizen auf uns ein Aber dennoch gilt: auch kleinste Entscheidungen sind nicht völlig folgenlos.

Mit jedem Schritt verändert sich das Anreizbild, gewinnen oder verlieren weitere Schritte an Attraktivität – und ganz am Ende kann ein Unfall, der Nobelpreis, ein Kauf oder eben ein Delikt stehen. So hat die Entscheidung eines Postangestellten, ein Bier in einer bestimmten Bar in Zürich trinken zu gehen, schließlich zum größten Postraub Europas geführt! Das Gesetz mit seinen Sanktionen kann bestenfalls einen Rahmenanreiz unter vielen bilden. Grundsätzlich ist der Anreiz der Strafe negativ. Aber damit, dass man immer mehr verbietet, ist noch wenig gewonnen. Es kommt wie gesagt auf die Durchsetzung der Strafnormen und die Aufklärungsquote an, damit überhaupt erst ein Negativanreiz entstehen kann. Und überblickt der Gesetzgeber das Anreizsystem und insbesondere die ökonomischen Anreize nicht, so kann der Negativanreiz einer neuen Strafe mehr als aufgewogen werden durch die entstehenden, vor allem ökonomischen Positivanreize.

Wo bleibt in alledem Raum für einen freie Entscheidungsfindung? Und damit für Moral, Ethik und Gesetzestreue? Sind wir Marionetten, geführt statt mit Fäden mit Ursachenketten und Anreizen, fremdbestimmt von A bis Z? Dann trügen wir auch keinerlei Verantwortung für unser Tun und Lassen! Solch vollständige Determinierung anzunehmen entsprach nie dem Bild, welches das Strafrecht vom Menschen hatte. Das ist nichts als logisch – ein Strafrecht ohne alle Eigenverantwortung ist absurd.

Die Verwendung von «positiv» und «negativ» bedarf vielleicht noch einer Erläuterung. Wenn ich von einem «positiven» Anreiz zur Begehung eins Einbruchs spreche, steckt darin so wenig Billigung, wie in der Bezeichnung der Angst vor Strafe als «negativem Anreiz» eine Missbilligung steckt. «Positiv» steht ganz einfach für das, was fördert, und «negativ fürs Gegenteil. Der Wert dessen, was gefördert oder behindert wird, tut nichts zur Sache.

Grenzenlos ist die Wirkung von Moral, Ethik, Gesetzestreue nicht. So wenig wie den Grundbösen gibt es den unter allen Umständen braven Braven. Auch der Brave kommt irgendwann an seine Grenzen. Besser als mit den Gegensätzen Böse und Gut kommt man dem heiklen Thema mit einem Vergleich bei: Zwischen der an sich verlockenden Tat und dem Menschen, der wählen muss, steht eine Hürde aus moralischen Haltungen. Mit dem Entschluss zur Tat wird diese Hürde übersprungen. Alles ist variabel, die Größe der Versuchung drüben ist es, der Mensch diesseits ist es, die Höhe der Hürde ist es.

Diese Höhe variiert von Mensch und Mensch nach Veranlagung, Herkunft, Bildung und so weiter, aber auch bei jedem Einzelnen je nach den konkreten Umständen, nach Stimmung oder momentaner Situation. In der Regel stuft der Einzelne seine Hürde als sehr hoch ein: Das Gefühl der Rechtschaffenheit und Sicherheit tut gut. Fast immer übersieht er, dass diese Höhe sich jederzeit ändern kann. So ist der Durchschnittsganove überzeugt, dass er unter keinen Umständen Kollegen verraten wird. Solange alles gut geht, behält er Recht. Werden alle verhaftet, sieht die Sache schon etwas anders aus, und wird ihm dann auch noch zugetragen, dass ein anderer ihn verraten habe oder verraten wolle, braucht er plötzlich kaum mehr Anlauf zu nehmen, um das zu überspringen, was von der Hürde übriggeblieben ist.

Der Manager, dem noch nie jemand ein unsauberes Angebot gemacht hat, hat gut reden in Sachen Unbestechlichkeit – er weiß letztlich gar nicht, wovon er redet. Selbst dann, wenn er eine verführerische Offerte bekommt und ausschlägt, garantiert das weder der Umgebung noch ihm, dass er immer ablehnen wird. Sollte das nächste Angebot sehr viel verlockender sein – wer weiß, wie es dann ausginge?

Die eigene Einschätzung, welchen Anreiz das gesetzestreue und ethische Handeln zu bieten habe, kann sich noch in anderer Hinsicht nur zu schnell als unrichtig erweisen. Dann resultiert nicht das schöne Gefühl, musterhaft gehandelt zu haben, sondern eine Art Katzenjammer, der unter Umständen die Hürde ein Stück weit abbaut.

Beobachten wir ein weiteres Mal den Manager, der eine Bestechung angeboten bekam und sie mit großer Gebärde zurückwies – so empört, wie sich derlei gehört, und mit viel Freude an der eigenen Korrektheit. Dann geht er heim und findet in der Post einen Haufen hoher Steuer- oder Alimentenrechnungen, welche den geplanten Hauskauf verbieten, oder die schriftliche Urteilseröffnung in einem Rechtsstreit, in welchem er sich stets als Sieger sah. Die Hochstimmung verfliegt, und er sagt sich, was ihm vor einer Stunde unsagbar erschien: «Eigentlich bin ich ein Idiot gewesen.» Vielleicht klingt diese Missstimmung spurlos ab. Vielleicht hinterlässt sie eine Spur; aber die Hürde wird ein bisschen kleiner, so wie die Gerüchte über die Summen, die sich ein Kollege unterm Tisch übergeben lässt, sie verkleinern können oder die plötzlich aktuelle Notwendigkeit, den Sohn in eine teure Privatschule zu schicken …

Oder stellen wir uns vor, in einer düsteren Bar liege eine Tausendernote auf dem Boden. Als gesetzestreuer Bürger nehmen Sie sie auf und liefern sie voller Befriedigung über Ihre Korrektheit beim Schankwirt ab. Er nimmt sie mit einem zynischen Lächeln und dankbar entgegen und sagt, er werde herumfragen. Ist Ihnen aber klar, dass er die Note in seine eigene Tasche stecken wird, so kann Ihnen niemand verdenken, wenn Sie sich nicht mehr bloß als ehrlicher Finder, sondern auch oder vor allem als Vollidiot vorkommen. Und wer weiß, vielleicht wird das Risiko, dass Sie das Geld das nächste Mal einfach einstecken würden, ein Spürchen größer.

So wenig wie Pferd und Reiter, wenn sie die Hürde überwunden haben, ein anderes Pferd und ein anderer Reiter sein werden, so wenig ist einer, der sich für Unterwelt- oder Halbweltaktivitäten entschieden hat, nach dieser Entscheidung ein anderer Mensch. Er wird grundsätzlich weiterhin so denken und handeln wie vor dem Sprung, wie alle, die nicht gesprungen sind, kurz: wie ein Mitglied der Oberwelt.

Bereich der forensischen Psychiatrie

Das Strafrecht geht grundsätzlich von der Freiheit des Einzelnen aus, sich für ein Delikt zu entscheiden oder nicht, die Hürde zu überspringen oder es bleiben zu lassen. Es geht weiter davon aus, dass grundsätzlich jeder Einzelne frei bestimmen könne, wie hoch er die Messlatte legen wolle. Wo man bestimmen kann, ist man verantwortlich. Das Strafrecht geht grundsätzlich davon aus, dass jeder verantwortlich sei für sein Tun und Lassen.

Bestehen ernstliche Zweifel an Freiheit und daraus folgender Verantwortung, so kommt die forensische Psychiatrie zum Zug. Der forensische Psychiater soll die Frage beantworten helfen, wie weit krankhafte psychische Entwicklungen und Erscheinungen Einfluss auf die Entscheidung zugunsten einer Straftat gehabt und die freie Entscheidung eingeschränkt haben – sei es, dass der Betreffende nicht mehr voll fähig war, das Unrecht seiner Tat zu erkennen, sei es, dass er nicht mehr voll fähig war, entsprechend seiner Erkenntnis zu handeln, sei es, dass Erkennen und Handeln beeinträchtigt waren. Grundsätzlich gilt, dass ein psychiatrisches Gutachten eine Entscheidungsgrundlage wie andere auch bildet und das Gericht seine Befunde frei würdigt. Aber in der Praxis neigen Gerichte dazu, gutachterliche Befunde tel quel zu übernehmen, solange sie nicht offenkundig unhaltbar sind. Gerichte sind nicht eben geneigt, ihr Vertrauen in fachärztliches Fachwissen durch einen Verteidiger erschüttern zu lassen. So bekommt das Gutachten oft die Bedeutung eines Vorurteils – und dies in beiden Bedeutungen des Wortes.

Weiter ist Thema der forensischen Psychiatrie, ob, wie weit und wie sich solche Störungen beheben oder entschärfen ließen. Das Maßnahmenrecht mit seiner stetig wachsenden Auswahl an Therapieprogrammen stützt sich zunehmend auf forensisch psychiatrische Beurteilungen.

Bevor ein Gericht therapeutische Maßnahmen anordnet und vielfach den Vollzug einer Strafe hiefür aussetzt, will es in der Regel dreierlei wissen:

- Sind die Störungen an sich behandelbar?
- Empfiehlt sich die Behandlung im vorliegenden Fall mit Blick auf die Verhinderung weiterer Delikte?
- Ist der Betroffene kooperativ?

Dass eine Maßnahme nur dann am Platz ist, wenn die ersten beiden Fragen bejaht werden können, galt und gilt als klar. Hingegen neigen die Gerichte in letzter Zeit zunehmend dazu, Maßnahmen auch gegen den klaren Willen eines Straftäters anzuordnen: Erste Aufgabe der Therapie werde es sein, Einsicht und Therapiewilligkeit zu wecken. Das klingt prima vista einleuchtend, aber die meisten Therapiestationen führen Wartelisten, die meisten Wartenden sind therapiewillig, und wer einmal für einen therapieunwilligen Verurteilten eine Therapiestation suchen half, weiß: Man kriegt eine wohlbegründete Absage nach der anderen.

Nicht nur in Zusammenhang mit rein therapeutischen Maßnahmen wird der forensische Psychiater konsultiert. Wie bereits zur

Sprache kam, wird, wo sich die Frage der Verwahrung des Täters oder bei besonders gefährlichen Tätern die Frage der Verwahrung auf beliebig lange Zeit stellt, einem Psychiater mit dem Gutachtensauftrag der Schwarze Peter zugespielt. Er soll die Zukunft voraussagen und die Verantwortung für jede Fehlprognose tragen.

Wenn er nicht «Nein danke!» sagen kann oder will, so wird er nur zu leicht auf Nummer sicher gehen. Im Zweifel bezeichnet er den Exploranden als gefährlich und empfiehlt die Verwahrung. Wie sehr sich ein Richter exponiert, der entgegen einem solchen Gutachten keine Verwahrung anordnet, bedarf keiner langen Begründung. In der Regel wird das gutachterliche Vorurteil zum Urteil (und wie der Betroffene beweisen soll, dass er auch ohne Verwahrung nicht mehr straffällig würde, ist seine Sache).

Neuen Diskussionsstoff bieten im Zusammenhang mit der Verwahrung die sogenannte *Anlasstat* und die Debatten dazu. Die Verwahrung «bestraft» den Täter eigentlich für etwas, was er nicht begangen hat, aber mit hoher Wahrscheinlichkeit begehen würde, wenn er Gelegenheit dazu bekäme. Sie gilt darum nicht als Strafe, aber erklären Sie das einem Verwahrten!

Je sicherer sich die forensische Psychiatrie in Sachen sichere Prognostik gibt, desto mehr tritt die Schwere der Anlasstat in den Hintergrund. Und je größer die Gutachtensgläubigkeit und die Erleichterung darüber sind, dass die Psychiater den Schwarzen Peter behalten, desto fragwürdiger wird, wie an die Anlasstat immer geringere Ansprüche gestellt werden. Darf, soll, muss man letztlich auch bei Leuten, die nichts begangen haben, analysieren, ob sie Vergewaltigungs- oder Mordphantasien haben, zu solchen Delikten neigen würden und so weiter und sie dann aus dem Verkehr ziehen?

Meines Erachtens ist nicht einzusehen, warum man seitens des Justizapparates mit einer unter Umständen lebenslangen Verwahrung antworten muss, wo sich jemand – bei wüstesten Phantasien – nie für irgendein Delikt entschieden hat.

Auch ein simpler Diebstahl – selbst wenn er einen gerade noch erlaubten Sadostreifen betrifft und der Täter noch so dumm ist, in der resultierenden Untersuchung ein paar unnette Träume zu erzählen, rechtfertigt nicht, ihn vorsorglich und definitiv aus dem Verkehr zu ziehen.

Begeht jemand einen Lustmord, so sieht es natürlich anders aus. Aber bereits bei leichteren Sexualdelikten ist trotz aller theoretischen Eskalationsfähigkeit Zurückhaltung geboten. Sonst reichte irgendwann die Zahl der Noch-nicht-Verwahrten bloß noch aus, die Verwahrten mit dem Nötigsten zu versorgen, und man müsste sich fragen, wer besser dran sei.

Natürlich muss sich die gerichtliche Psychiatrie bei alldem auch mit Anreizen befassen. Ebenso natürlich interessiert sie sich vorab für Missverhältnisse, die den Verdacht auf Pathologisches wecken. So kann ein Delikt allein schon wegen der auffallend dürftigen Anreizlage krankhafte Tatmotive und eine entsprechende Prüfung nahe legen. Lässt demgegenüber die Anreizlage ein Delikt als «plausibel» erscheinen, weil unter gleichen Umständen mancher bis fast jeder Durchschnittsbürger gleich reagiert hätte, liegt «kein Fall für Psychiater X» vor.

Dieses Buch befasst sich fast ausschließlich mit den «normalen» Anreizen, die im Rahmen der Thematik Verbrechen und Halbwelt immer wieder auftreten. Es befasst sich nur ganz am Rand mit pathologischen Anreizen. Es überlässt – von einigen Warnrufen abgesehen – die Einschränkungen der Steuerungsfähigkeit samt Folgen, die Therapien, Maßnahmen und deren Voraussetzungen der forensischen Psychiatrie.

Was ist vom oft gehörten Vorwurf der «Psychiatrisierung der Strafjustiz» zu halten? Wie es sich für Vorwürfe gehört, wird die Formel stets negativ gebraucht. Haben die Kritiker Recht?

Gewisse Delikte zwingen ganz einfach zu einer forensisch psychiatrischen Prüfung, so beispielsweise schwere Sexualdelikte wie qualifizierte Vergewaltigung oder gar Lustmord. Kommt beim Mord ein Lustelement hinzu, wird es meistens krankhaft begründet sein. (Der Lustmord ist übrigens kein Tatbestand des Schweizer Strafgesetzbuches. Dieses kennt lediglich den Mord, den es als besonders skrupellose vorsätzliche Tötung definiert, und überlässt es der Praxis, die Rarität Lustmord mit Hilfe dieser Norm und der weiteren Bestimmungen zu Zurechnungsfähigkeit und so weiter zu beurteilen.)

Der beste Schutz vor einer übermäßigen Psychiatrisierung der Strafjustiz ist die Praxis der Gerichte. Ihr zufolge darf – das ist nichts als konsequent – die krankhafte Abweichung nicht einfach damit begründet werden, dass jemand ein Delikt begeht. Das Begehen eines Deliktes wird wenigstens einstweilen noch nicht als krankhaft, sondern als völlig normal betrachtet, desgleichen der Täter. Das klingt für jeden befremdlich, dessen Verständnis der Normalität keinen Raum für Straftaten lässt. Trotzdem ist es richtig.

Ohne dies explizit zu erläutern, geht die Praxis in Einklang mit den fundamentalen Prinzipien der Strafgesetzgebung davon aus, dass auch der «Normale» Delikte begehen kann. Sie geht damit von einer fundamentalen und richtigen Erkenntnis aus. Straftäter sind nicht per se abnormal. Sie sind vielmehr bis zum Beweis des Gegenteils Menschen wie ich und Sie, sind den gleichen Anreizen ausgesetzt, stellen die gleichen Überlegungen an, optimieren und evaluieren gleich. Bloß wird diese Grundsatzerklärung leider in der Regel nicht so offen formuliert.

Die Grundsatzerklärung führt zurück zum Thema Reiz/Anreiz und erlaubt, anhand von ein paar Beispielen klarzumachen, wo die forensische Psychiatrie zum Zug kommen muss oder sollte und wo sie nicht benötigt wird.

Geht jemand an einem Kindergarten vorbei, und verspürt er beim Anblick der Kinder in der Pause einen derart starken sexuellen Anreiz, dass dieser seinen Willen, gesetzestreu zu bleiben, weit überwiegt und dass auch eine möglicherweise zu erwartende Strafe keinen genügenden Gegenanreiz mehr darstellt, so kann es zu einem schweren Sexualdelikt kommen. Die Abweichung von der «normalen» Bandbreite der Reaktionen auf den Anreiz ist hier dermaßen groß, dass man mit einiger Wahrscheinlichkeit sagen kann, es liege eine forensisch-psychiatrisch relevante Störung vor: Für den «Normalen» bilden Kinder im Kindergartenalter überhaupt keinen sexuellen Anreiz. Wir haben klar einen Fall für den forensischen Psychiater. (Angesichts der Brisanz des Themas ist klarzustellen, dass es Menschen gibt, die zwar einen ähnlichen sexuellen Anreiz empfinden, bei denen aber die Gegenanreize in «normaler» Form spielen und die es deshalb bei ihren Phantasien bewenden lassen. Man sollte sie in Ruhe lassen. Das Strafrecht und die psychiatrische Forensik sind nicht für Phantasien, sondern für Straftaten geschaffen worden.)

Das zweite Beispiel kennen Sie bereits: die Tausendernote, die niemand sonst beachtet. Der Gast überlegt einen Moment. Er schaut sich um, ob jemand ihm zuschaue. Niemand schaut zu. Er setzt den Fuß diskret auf die Banknote, die nun unsichtbar wird. Etwas später tut er, als müsse er den Schuh binden, steckt die Banknote diskret weg und ist um einen Tausender reicher.

Hier liegt eine reine Anreizreaktion vor. Der Täter hält sich zwar sonst an die Gesetze, kann aber dem besonderen Anreiz der Situation nicht widerstehen. Er optimiert vor der Tat, indem er sich umsieht und die Wahrscheinlichkeit einer Ertappung in flagranti klärt. Er geht davon aus, dass Banknoten in den seltensten Fällen identifizierbar sind und ihm nichts mehr nachzuweisen wäre, läge die Note mal in seinem Portemonnaie. Das ergibt einen währschaften Saldoanreiz zugunsten des Wegsteckens der Banknote.

Noch höher wird dieser, wenn er den Wirt als schrägen Vogel kennt oder wenn der Tausender einen ganz akuten Finanzengpass aus der Welt schaffen könnte. Natürlich steht auch er vor der sattsam behandelten Hürde, spielt auch für ihn die Befriedigung, gesetzestreu zu handeln, als Anreiz. Überwiegt aber die Summe dessen, was fürs «Darüberspringen» spricht, die Summe dessen, was dagegen spricht, so springt der glückliche Finder und lässt die Note *discrètement* verschwinden – auch kein Fall für einen Psychiater.

Das Gleiche triff beim Chef zu, der eines Abends im Büro seine Sekretärin in unzulässiger Art «bepfotet». Er empfindet einen sexuellen Reiz. Er weiß, dass zu diesem Zeitpunkt niemand anders mehr im Büro ist. Er geht davon aus, dass die Sekretärin geschmeichelt sein wird oder seine Übergriffe unter «Typisch, diese Männer!» ablegt oder selbst dann, wenn sie sehr irritiert sein sollte, nicht zur Polizei ginge, weil sie ihren Job behalten möchte. Zudem könnte er für ein paar seines Erachtens harmlose Berührungen eine ebenso harmlose Erklärung finden – oder stellt sich das zumindest vor. Also fasst er sie an und sieht, wenn sie halt doch zur Polizei geht, bis auf Weiteres keinerlei Notwendigkeit, einen Psychiater beizuziehen.

Der Barbesucher, der Chef, letztlich so gut wie jeder, der eine illegale Handlung begeht – den Sexualstraftäter, der auf Fünfjährige steht, lasse ich als Kranken beiseite –, optimiert genauso wie ein Unternehmer in der legalen Welt, um zu entscheiden, welche Produktion er aufnehmen soll, welchen Betrieb er kaufen soll, welche Kunden er loswerden sollte. Ob es dabei um größte Schritte wie einen Betrug mit siebenstelligen Zahlen (in einer guten Währung) geht oder um Bagatellen – jeder Schritt ist von Anreizen geprägt, und die Anreizbilanz lässt den Betreffenden pro oder contra entscheiden. Wenn es einen Bereich gibt, in welchem alle Menschen gleich sind, dann ist es dieses Optimierungsprogramm! Auch Sie haben es intus. Auch Sie wenden es an, so oft Sie Anreizbilanzen ziehen – und das tun Sie pausenlos, egal, ob Sie auf eine faule Ausrede verzichten, ein Geschenk für die Freundin aussuchen oder die TV-Serie mit dem «Profiler» einschalten.

Letzteres werden Sie allerdings je seltener tun, desto bewusster Ihnen wird, wie allgegenwärtig das Programm ist und wie verlässlich es funktioniert. Denn mit seiner Hilfe können auch Sie ein erfolgreicher Profiler sein, also Geschehenes rekonstruieren und Künftiges voraussagen, obschon Ihnen zweites Gesicht, sechster Sinn und dergleichen mehr ebenso fehlen dürften wie eine kriminelle Grundveranlagung. Mit dem folgenden Kurzrezept können Sie die Probe aufs Exempel machen:

- Sie wählen ein bestimmtes Ziel, das Annehmlichkeiten, Vorteile, Erfolge verspricht. (Kennen Sie das Ziel des Täters, so gehen Sie von diesem aus.)
- Nun geht es drum, dieses Ziel nicht irgendwie, sondern leicht, bequem, schnell, kurz in einer befriedigenden Form zu erreichen.

- Sie berücksichtigen beim Planen alle Rahmenbedingungen, die Sie kennen und auf die Sie sich einstellen können.
- Sie planen die Verletzung von Moral, Ethik, Recht ein, wo immer der leichtere, schnellere, billigere Weg das erfordert.

Das kürzeste Rezept lautet: Schauen Sie in den Spiegel! Ich gebe Ihnen ein Stück weit recht, wenn Sie finden: Das ist ja ganz einfach! Aber vergessen Sie beim Spielen nicht, dass mitunter Fachkenntnisse gefragt sind. Vergessen Sie vor allem nicht: Für den erfolgreichen Profiler darf nichts undenkbar sein. Das ist schneller gesagt als getan, denn wir alle behandeln manche Gedanken als dermaßen unstatthaft, dass uns nicht einmal mehr auffällt, wie wir einen Bogen um sie herum machen.

Die Anreize

Typisierung der Anreize

Manche einfachen Lebensformen werden durch ein einziges Anreizpaar gesteuert. Licht zieht sie an, Dunkelheit stößt sie ab – oder umgekehrt. Sie suchen die höhere Konzentration eines Salzes und meiden die tiefere oder umgekehrt. Sie streben von oben weg nach unten, dem Erdmittelpunkt zu – oder umgekehrt. Sie fällen bei alledem natürlich keine bewussten Entscheidungen, sie funktionieren einfach gemäß ihrer Prägung.

Bevor wir solche Lebensformen und ihre Programme als primitiv belächeln, tun wir gut daran, uns zu sagen, dass auch unser Tun und Lassen letztlich von *einem* Anreizpaar gesteuert wird: Das Angenehme zieht uns an, das Unangenehme stößt uns ab! Gewiss, die Umschreibungen des Angenehmen und Unangenehmen mögen zahllos und kompliziert sein – aber der Grundmechanismus ist der Inbegriff des Einfachen. Es kommt hinzu, dass Gefühle den größten Teil der damit verbundenen Entscheidungen fällen und wir die meisten Gefühlsentscheidungen nicht beeinflussen können.

Kurz: Auch wir funktionieren weitgehend programmgemäß, und eines der Programme muss in diesem Buch immer wieder zur Sprache kommen, nämlich das Programm, mit welchem wir Anreize ökonomisch effizient auswerten, um zu einer Entscheidung betreffend unseres Tuns und Lassens zu kommen.

Anreize wirken von außen auf den Menschen ein. Das ist unbestritten, es ist richtig, aber es ist bloß die Hälfte der Wahrheit. Alle von außen einwirkenden Anreize haben eine innere Komponente. Jeder stuft die auf ihn einwirkenden Anreize anders ein. Harte Tatsachen, realistische und andere Vorstellungen, Wissen, Irrtümer, Phantasien, persönliche Vorlieben, Neigungen, Charakter – das und noch viel mehr spielt eine Rolle bei der Bewertung von Anreizen. (Und dabei bewegen wir uns noch im «normalen» Bereich!)

Entscheidend für die Bewertung von äußeren Anreizen ist für den Menschen nicht die Realität (falls es derlei überhaupt gibt), sondern sein Bild von der Realität. Meint einer aufgrund irgendwelcher

Informationen zu wissen, dass in einem kleinen Ferienhaustresor 500 000 Euro Schwarzgeld liegen, so unternimmt er möglicherweise riesige Anstrengungen, um in das Haus einzudringen und den Safe zu knacken. Dabei lagen und liegen vielleicht bloß ein paar wertlose Geschäftspapiere drin. Die hätten niemanden gereizt, und niemand hätte sich für sie in Bewegung gesetzt. Bestimmend für die Straftat war eine Vorstellung, eine Illusion.

Aber Illusionen sind Tatsachen eher über- als unterlegen, wenn es um die motivierende Wirkung geht! Sie bilden entsprechend starke Anreize. Auch das hat die Oberwelt mit der Unterwelt und der Halbwelt gemeinsam. Viele wählen, geblendet von den Spitzengehältern einiger Anlagespezialisten, von den Jahreseinkommen von Top-Managern der Deutschen Bank oder der UBS, eine Bankkarriere.

Die meisten haben – nüchtern gesehen – schon mangels Fähigkeiten keine Chance, jemals die Spitze zu erreichen. Der größte Teil des Rests bleibt – auch wenn die Fähigkeiten vorhanden wären – ebenfalls auf der Strecke. Und die wenigen, die es schaffen, sorgen dann wieder für Schlagzeilen und Wunschträume. In Halbwelt und Unterwelt sieht es nicht anders aus: Schilderungen von Reichtum und Macht von Großgangstern, Pressemeldungen über das Leben von Puffiers im Kreis der Schönen und Reichen sorgen für einen gewaltigen Vorbildanreiz. Wieder bleiben von den vielen, die es auch so weit bringen möchten, die meisten auf der Strecke.

Lange nicht alle Anreize werden bewusst empfunden, und lange nicht immer erfolgt die Abwägung bewusst. So manches passiert in Sekundenschnelle, ohne dass sich der Betreffende über jede einzelne Abwägung und Zwischenentscheidung im Klaren wäre. Überdurchschnittlich bewusst sind die Abwägungen bei Großdelikten und Wirtschaftsdelikten, unterdurchschnittlich bewusst sind sie bei spontanen Gewaltdelikten. Der geplante Mord hingegen ist meist das Ergebnis einer recht sorgfältigen Abwägung und entsprechend bewusster Etappenentscheide.

Wie stellt man fest, welche Anreize *in concreto* zu einem Delikt oder zu einem Eintritt in die Halbwelt führen können beziehungsweise geführt haben? Der Strafverteidiger muss diese Frage beantworten können. Ein Delikt nachvollziehbar zu machen, die Anreize zu zeigen, die zur Delinquenz geführt haben, ist vielleicht seine wesentlichste Aufgabe – und dies nicht nur dann, wenn der Mandant geständig ist.

Es gibt hier meines Erachtens nur einen Weg: den rein empirischen. Er steht für Zuhören, Zuhören, Zuhören. Derlei steht – im übertragenen Sinne natürlich – für Knochenarbeit und trotz aller Fitness immer wieder für mentalen Muskelkater. Äußerlich gesehen tut man wenig. Man sitzt stundenlang auf meist unbequemen Stühlen, man hört zu und versucht, nachzuvollziehen, was einem berichtet wird, man stellt hie und da mal eine Frage, man wird mit wachsender Erfahrung sparsamer mit den Fragen und bekommt brauchbarere Antworten. Ich weiß, das klingt einfach, aber es ist harte Arbeit – und es lohnt den Aufwand!

Der Anwalt – und mitunter auch der Untersuchungsrichter – wird immer wieder Erstaunliches und meist bei aller Erstaunlichkeit Nachvollziehbares zu hören bekommen. Langweilen wird er sich selten.

Zuhören klingt viel einfacher als es ist, nachvollziehen klingt bereits etwas anspruchsvoller. Das Schwierigste habe ich noch kaum angetippt: nachfragen und die Antworten auf ihre Verlässlichkeit hin kontrollieren und ordnen. Denn sowohl in der Oberwelt wie auch in der Halbwelt und Unterwelt zeigt sich, fragt man nach Anreizen, praktisch immer: Entweder war und ist sich der Befragte über die wesentlichen Anreize nicht im Klaren, oder er schönt Anreizauswahl und Reaktion daraufhin, um beim Gegenüber Verständnis, Sympathie oder Anerkennung zu wecken.

Denn auch da liegt ein Anreiz, der einlädt, andere oder auch sich selbst zu täuschen. Ein Gegenüber, das sich Märchen aufbinden lässt, verschafft Befriedigung selbst dann, wenn einem die Märchen nicht groß helfen, desgleichen ein Gegenüber, das verständnisvoll oder gar bewundernd auf eine Schilderung reagiert, die der Wahrheit nicht entspricht. Und als wäre dies nicht genug der Motivation zum Märchenerzählen, schönen die meisten Auskunftgebenden ihre Darstellung in erster Linie nicht im Blick auf den Zuhörer, sondern für sich selbst.

In der legalen Welt heißt das: Der Anwalt, den man nach seinen Motiven für die Berufswahl befragt, wird kaum je erklären, er habe in den Medien von den exorbitanten Honoraren einiger Wirtschaftsanwälte erfahren. Er wird stattdessen den Kampf für die Gerechtigkeit in den Vordergrund stellen. Der Arzt, der sich von Schlagzeilen zu Einkünften einiger berühmter Chirurgen blenden ließ, wird seinen Einsatz für die Gesundheit vieler als sein wesentliches Motiv bezeichnen. Beide sagen im Zweifel ein Stück weit die Wahrheit. Beide binden im Zweifel sich selber keinen kleineren Bären auf als uns – oder probieren es wenigstens. Beide tun sich mit all dem schwerer als nötig mit der Zugabe, dass sie in erster Linie Geld verdienen wollten. Schwerer als nötig deshalb, weil Geldverdienen mit legitimen Mitteln selbstverständlich legitim ist und nicht geschönt werden müsste.

Wechseln wir aus der legalen Welt in die Wirtschaftskriminalität hinüber, so wird der wegen Betruges belangte Firmeneigner oder Manager vielleicht geltend machen, es sei ihm vor allem um die Rettung der Firma und der Arbeitsplätze gegangen, als er Bilanzen gefälscht und kreditgebende Banken mit falschen Urkunden versehen habe. Er sei fest davon überzeugt gewesen, die Firma bald wieder in die Gewinnzone zurückführen zu können und die Krise ohne Schaden für irgendwen zu überwinden. Dass er selber dabei nicht zu Schaden kam oder gar einige Millionen kassierte, heißt nicht, dass er von A bis Z lügt.

Der Wunsch, die Firma zum Vorteil aller zu retten, kann sehr wohl alleiniges Motiv erster Bilanzfälschungen gewesen sein. Dann kam die Zeit, in welcher er sich sagte: «So viel tue ich doch nicht gratis für einen Laden, für den ich schon so viel riskiert habe und riskiere!» Dann kam die Zeit, in welcher er sich sagte: «Je mehr ich jetzt in Sicherheit bringe, desto rascher kann ich später alle schadlos halten.» Denn ausgerechnet der Wirtschaftskriminelle, der das Wunschdenken anderer missbraucht, neigt seinerseits zum Wunschdenken, was unter anderem dafür sorgt, dass auffallend viele kleinere Wirtschaftskriminelle auf Kollegen der nächstgrößeren Klasse hereinfallen. Oft, aber nicht immer kam schließlich die Zeit, in welcher er für sich und nur für sich beiseite schaffte, was sich beiseite schaffen ließ.

Was die Halbwelt betrifft, wird der Umsteiger, der vorher erfolgreich einen kleineren, rundum legalen Betrieb geführt hat und nun die Lust verspürt, ein Bordell zu eröffnen, als wesentlichen Anreiz und wesentliche Motivation anführen, er wolle den armen unterdrückten Frauen helfen, die von anderen Puffiers schamlos ausgenützt würden. Anreize wie Geld und Sex wird er ebenso herunterspielen wie die Versuchung, die von der Vorstellung ausgeht, dass man als Besitzer eines Bordells von all den jungen Damen umschwärmt werde, die man vorher nur als Freier habe genießen dürfen.

Man sollte solches Schönen nicht zu ernst nehmen. Schönen in Maßen ist üblich, nicht nur in der Halbwelt und der Unterwelt, sondern auch in der Oberwelt. Und in den meisten Fällen wird der Betreffende seine Schilderungen aus Anreizen zusammenbauen, die effektiv mitgespielt haben mögen. Er korrigiert vor allem deren Gewicht.

Manche Anreize, die als zutiefst verwerflich empfunden werden und Scham oder Selbstvorwürfe größten Zuschnittes auslösen würden, werden so erfolgreich verdrängt, dass der Betreffende nicht mehr in der Lage ist, sie spontan zu nennen. Manchmal hat er sie sogar dermaßen gut versteckt, dass sie aus seinem Bewusstsein verschwunden sind.

Mit der Antwort auf die Frage, unter Berücksichtigung welcher Rahmenbedingungen er wie abgewogen habe, bis er sich schließlich für Halbwelt- oder Unterwelttätigkeiten entschlossen habe, tut sich jeder schwer. Bekommt man auf diese Frage einen brillanten Vortrag, ist erst mal Vorsicht am Platz.

Nur schon die Frage, was konkret das Gesetz mit seiner Strafandrohung bedeutet habe, kann schwierig zu beantworten sein. Natürlich kann der Drogenhändler größeren Kalibers darüber referieren, dass er einen hohen Preis verlangen muss, weil er bei den Transporten einen Teil der Ware durch Beschlagnahmungen und so weiter verliert, weil Geheimhaltung teuer ist, weil er Transporteure bezahlen muss und gegebenenfalls für sie sorgen muss, wenn sie im Gefängnis landen. Er kann auch die Folgen der Konkurrenz auf dem Drogenmarkt schildern. Aber während er durchaus in der Lage ist, solche Kostenstrukturen abzuschätzen, fällt ihm die Bewertung des persönlichen Risikos als Rahmenanreiz ungleich schwerer.

In eingehenden Gesprächen mit dem Straftäter lässt sich die maßgebliche Anreizstruktur meist auch dann freilegen, wenn er konstruierte oder geschönte Angaben macht, Anreize verdrängt oder noch nicht über sie nachgedacht hat. Vollständigkeit können solche Rekonstruktionen nie beanspruchen, aber es ergeben sich brauchbare Annäherungswerte.

Die Anreize, denen man dabei begegnet, lassen sich drei Hauptgruppen und zahlreichen Untergruppen zuordnen. Allerdings sind die Grenzen nicht scharf, tauchen manche Anreize in mehreren Gruppen auf, und nimmt Geld eine Sonderstellung ein.

Anreize können wie gesagt von Zielen ausgehen, aber sie gehen nicht nur von ihnen aus. Für Anreize sorgen auch die Wege zu diesen Zielen und alles, was rund um Ziele und Wege auch noch wichtig sein könnte. Das erlaubt (zumindest in der Theorie), zwischen drei Grundtypen von Anreizen zu unterscheiden, nämlich

- Zielanreizen
- Weganreizen und
- Anreizen durch Rahmenbedingungen.

Das erlaubt (wiederum zumindest in der Theorie) weiter, zu unterscheiden zwischen drei Grundtypen von Menschen, die vor allem oder ausschließlich auf eine dieser Reizformen ansprechen.

Derlei mag eher akademisch klingen, aber zum Glück gilt eine vergleichbare Aufteilung auch für etwas ganz Unakademisches, für Wanderer nämlich.

Die zwei Wandervogel-Unterarten des Zielwanderers und des

Wegwanderers dürften zumindest wandernden Lesern bestens vertraut sein. Sie liefern darum gutes Illustrationsmaterial zu dem, was dieses Buch unter Anreizen des Ziels, des Wegs und der Rahmenbedingungen versteht.

Der klassische *Zielwanderer* will nur eines: Sein momentanes *Ziel,* das heißt einen ganz bestimmten Punkt, im Zweifel irgendeine Bergspitze mit Eins-a-Aussicht, erreichen. Das Vorher, das Nachher und das Wie sind ihm egal. Egal sind ihm oft genug auch Rahmenbedingungen, die er unbedingt beachten sollte. Er besteigt am 26. Juli das Bietschhorn, punktum! Schlägt dann das Wetter um oder steigt sein Kreislauf aus, so darf der Flugrettungsdienst Rega wieder einmal einen seiner spektakulären Einsätze fliegen.

Ganz anders der klassische *Wegwanderer.* Er mag die gleiche Route gehen und die Bergspitze samt Aussicht willkommen heißen, aber niemals ist er allein ihretwegen, meist überhaupt nicht ihretwegen unterwegs. Ihm geht es um das, was der Weg ihm zu bieten hat, sei es landschaftlich, geologisch, kulinarisch, medizinisch – was alles macht der Kreislauf noch mit? – oder sozial – Bekehrung der Freundin zum Wandern, Hackordnung unter Wandergefährten oder Materialbeschaffung für eine neue Serie von geharnischten Leserbriefen.

Gibt es auch den *Rahmenbedingungen-Wanderer?* Natürlich sprechen die meisten Wanderer auf Anreize an, welche durch Rahmenbedingungen gesetzt werden: Je nach Wetterbericht ziehen sie los oder bleiben zuhause; sie treffen ihre Wahl unter Umständen aufgrund von Eisenbahn-Sonderaktionen; sie stellen ihre Pläne unter Umständen vor Ort auf den Kopf, weil der Föhn zur Einstellung des Seilbahnbetriebes geführt hat, und machen, was der Föhn noch erlaubt. Aber derlei rechtfertigt nicht, für sie eine eigene Wandervogel-Unterart zu schaffen.

Die beiden anderen Unterarten haben bei aller Verschiedenheit einiges gemeinsam: Sie akzeptieren nicht, dass andere nicht so sind wie sie, sie verachten sie darum, sie sind – zum Glück – rar.

Der Durchschnittswanderer ist eine bunte Mischung, lässt sich mal vor allem vom Ziel, mal vor allem vom Weg, mal vor allem von einem Gutschein für eine bestimmte Seilbahn verlocken – und er übt Toleranz, wenn andere aus anderen Gründen unterwegs sind.

In diesem Buch geht es nicht um die harmlose Frage, warum sich Zielwanderer, Wegwanderer und Normalwanderer ausgerechnet auf der Fünfseenwanderung begegnen sollten, sondern um die brisante Frage: Warum entscheiden sich Menschen für die Kriminalität? Aber *grosso modo* gilt auch dort, was ich eben zu den Wandervögeln ausgeführt habe!

Genau wie in der Oberwelt hat derjenige, der in Halbwelt oder Unterwelt etwas tut, irgendein Ziel vor Augen. Dieses Ziel bildet einen Anreiz. So können Reichtum, Macht, Genugtuung Zielanreize bilden. Zielanreize umfassen stets auch das primäre Mittel, mit dem das Ziel erreicht werden kann, und dessen speziellen Anreiz. Da sich die meisten Ziele mit Geld erreichen lassen, spielt Geld eine enorme Rolle. Deshalb ist bei seinem Anreiz die Grenze zwischen Ziel- und Mittelanreiz kaum zu ziehen. Das Überschreiten von Grenzen, das Missachten von Verboten bildet nur sehr selten einen Zielanreiz. Am ehesten tun derlei Heranwachsende, wenn sie um der Provokation willen provozieren. Sie tun gelegentlich Verbotenes ausschließlich deshalb, weil es verboten ist. Sonst kann das Überschreiten von Verboten bloß noch wegen spezieller psychologischer Konstellationen zu einem Zielanreiz werden. So etwa, wenn sich jemand von pathologischen, unbegründeten Schuldgefühlen zu befreien versucht, indem er ihnen mit einer effektiven Tat einen Grund verschafft. Dann weiß er endlich, warum er die Schuldgefühle empfindet. Aber wie das Beispiel zeigt, bewegen wir uns hier im strafrechtlichen Raritätenkabinett, Verbrechen aus Schuldgefühlen sind Sammlerstücke.

Aufgrund der Zielanreize kann man weiter unterscheiden zwischen Sein-Delikten und Haben-Delikten. *Sein-Delikte* sind Delikte, bei denen eine Befindlichkeit oder ein Befriedigungsgefühl das primäre Ziel darstellt. Bei den *Haben-Delikten* steht der eigentliche Besitz im Vordergrund. Haben-Delikte sind im Allgemeinen rationaler als reine Sein-Delikte. Auch hier gilt: Die reinen Formen sind die Ausnahme, Mischformen die Regel. Kein Wunder, ist doch ein Haben sehr oft die Voraussetzung für eine Befindlichkeit.

Wo soll man den ganz besonderen Reiz unterbringen, der für die Oberwelt von der Beobachtung der verbotenen anderen Welten ausgeht? Von diesem Reiz leben Kriminalromane und -filme, Fernsehserien, die Massenmedien mit ihren Schlagzeilen, die man vom Auto oder Tram aus an den Kiosken lesen kann, eine wachsende Zahl von Websites und Videogames. Die Größe des Marktes beweist eine immense Nachfrage.

Der Konsument lehnt sich wohlig zurück, befriedigt seine Neugier mit liebgewonnenen Klischees, erfüllt sich seinen Wunsch nach Spannung, Gänsehaut, Einblick in verschlossene Räume, sexueller Erregung oder Heldentum. Er identifiziert sich mit den Protagonisten seiner Wahl und wird Held – ohne alle Gefahr, sich zu exponieren. Er verschafft sich den Kick der Grenzüberschreitung, ohne auch nur in die Nähe der Grenze zu kommen. Er kommt zu seinem Kick mal in der Badewanne, mal im Kino, sehr oft am Bildschirm und seines Erachtens stets ohne alle Gefahr. Mit letzterer Annahme kann er allerdings gründlich falsch liegen. Denken wir einfach an die Großaktionen im Kampf gegen verbotene Pornographie: die Grenzwanderung zwischen belangslosem Konsum und strafbarem Konsum ist schon manchem misslungen.

Kein Durchschnittsverbraucher liest mit der gleichen Begeisterung Abhandlungen über die gentechnische Behandlung von Stangenbohnen oder schaut Filme über das Paarungsverhalten von Drosophyla. Unterwelt und Halbwelt sind unvergleichlich reizvoller als Bohnen und Fruchtfliegen und auch als alle, die sich damit befassen. Sogar der Spitzenforscher lädt weniger dazu ein, sich mit ihm zu identifizieren, als der sympathische Gangster, der brillante Kriminalkommissar oder James Bond höchstpersönlich. Dieser «Reiz des Verbrechens» ist in der Regel gemeint, wenn der Ausdruck gebraucht wird.

Zu seinen Auffälligkeiten gehört, dass neben dem sympathischen Gauner ausgerechnet derjenige Verbrechensverfolger besondere Sympathie genießt, der seinerseits wenig Respekt für Grenzen zeigt, insbesondere die Rechte des Angeschuldigten konsequent missachtet. Richtig gesehen schützen diese Rechte jeden von uns, und niemand hat Gewähr, dass er nie dankbar für sie und ihre Respektierung sein wird. Im Krimi aller Arten hingegen haben solche Rechte bloß den Stellenwert von Hindernissen. An die Stelle der korrekten Hausdurchsuchung treten ein Einbruch und dann die Behauptung, der Held habe dieses Schadensbild vorgefunden und sich dann vergewissert, dass niemand seine Hilfe brauche. Weit über das von einer Notwehrsituation Gerechtfertigte hinaus wird zugeschlagen und geschossen – je fieser der Angeschuldigte sich benommen hat, desto länger. Verhörmethoden von strikter Illegalität werden verklärt.

Richtet am Schluss der Held seine Waffe auf den Abgrundbösen, wartet ein ganzes Kino auf die wohlige Entspannung, die der Todesschuss bringen wird. Und senkt der Held die Waffe und verhaftet den Bösen ordnungsgemäß, löst seine Korrektheit eher Enttäuschung als Bewunderung aus.

Leider bleibt diese Haltung nicht auf Kunstprodukte beschränkt. Auch in der Realität sieht die Oberwelt einem Helden, der für ihre Werte kämpft, sehr vieles nach. Es braucht schon eine recht erhebliche Intensität der Delinquenz, bis die Oberwelt Manager, Beamte, Polizeibeamte, Spitalarzt, Richter, Politiker, die auf der «richtigen» Seite kämpfen, fallen lässt. Und dann? Dann hält sie mit ihrer Verurteilung meist ebenso wenig Maß, wie sie es vorher mit ihrer Billigung getan hat. Aparterweise – und zum Glück für die Unterhaltungsbranche – konsumieren nicht nur Repräsentanten der Oberwelt all die Filme, von denen eben die Rede war. Auch der Einbrecher, die Prostituierte, der Großbetrüger oder die Puffmutter tun es. Auch sie identifizieren sich in der Regel brav mit jener Person, welche der Produzent hierfür vorgesehen hat.

Allerdings tun sie es nicht ganz so wahllos wie die Braven. Sie gehen Produkten, die in ihrer Sparte spielen, eher aus dem Weg, denn hier stört ihr Fachwissen das Vergnügen. Erwischt der Safeknacker trotzdem einen Streifen über Safeknacker, so muss der Streifen schon sehr gut sein, bis der Profi seine Distanz aufgibt. Im Normalfall wird er über den ernst gemeinten Blödsinn lachen, billige Klischees billig finden, sich zunehmend ärgern und schließlich fluchend oder kopfschüttelnd abschalten.

Der Weg zum Ziel kann mit besonderen Anreizen gepflastert sein. Jedes Ziel lässt sich auf verschiedenen Wegen erreichen, und diese Wege erscheinen, aus welchen Gründen auch immer, unterschiedlich ansprechend. Der eine wirkt schneller, der zweite bequemer, der dritte sicherer. Jedermann sucht und wählt den aus seiner Sicht besten Weg. Auch jetzt sind Vorstellungen wichtiger als Tatsachen. Ein Weg mag angenehm oder schnell aussehen und in Wirklichkeit das genaue Gegenteil sein, die Wahl fällt dennoch auf ihn.

Wo immer sich ein Ziel auf einem legalen Weg ebenso einfach und schnell erreichen lässt wie auf einem illegalen, können wir davon ausgehen, dass jeder, der rational überlegt, den legalen Weg nehmen wird.

Weganreize können die Entscheidung zugunsten der Halbwelt oder Unterwelt sehr stark beeinflussen; besonderes Gewicht haben Geschwindigkeit, Einfachheit, Durchlässigkeit. Wer Fähigkeiten besitzt, die auch in der Oberwelt grundsätzlich zum Erfolg führen, aber als Außenseiter nicht zugelassen wird, wird irgendwann in Betracht ziehen, halt anderswo zu Erfolg zu kommen – und feststellen, dass Halbwelt und Unterwelt weniger und ganz andere «Zulassungsbestimmungen» kennen. Mangelnde Entfaltungsmöglichkeit in der Oberwelt verschafft illegalen Wegen oft einen hohen Anreiz. Dem Ungeduldigen haben Halb- und Unterwelt vor allem schnelle Erfolge zu bieten, dem Simplen simpel erzielbare Erfolge und so weiter.

Der Weg selbst mit seinen Kicks, mit seinen Adrenalinschüben, mit seinen Entfaltungsmöglichkeiten, mit seinen Kontakten und Beziehungen bildet ebenfalls ein Ziel, dessen Bedeutung nicht zu unterschätzen ist. Steht jemand auf Spannung und hat er die Wahl zwischen einem langweiligen Weg und einem mit Kick, so wird er im Zweifel den Weg mit Kick wählen. Steht jemand auf Einbindung in eine Gruppe und kann er zwischen Alleingang und Teamarbeit wählen, so wird er Letzterer den Vorzug geben. So gesehen trifft es durchaus zu, dass der Weg das Ziel ist. All das gilt auch für die Oberwelt. Wer das Rüstzeug dafür hat und Kick liebt, wird anders wählen als der gleich gut qualifizierte Kollege, der seine Ruhe haben will.

Für alle Welten gilt auch, dass die Beurteilung von Wegen sehr rasch ändern kann. So mag ein bestimmter Weg im Moment reizvoll erscheinen und innert Sekunden zu einer Entscheidung führen, die der Betreffende vorher nie in Erwägung zog und wenig später als die größte Dummheit seines Lebens bezeichnen wird. Affektdelikte zum Abreagieren von Wut, Eifersucht, Verzweiflung gehören hierhin.

Zielbedingungen kann die Gesetzgebung nicht groß beeinflussen. Wegbedingungen kann sie hie und da ein Stück weit beeinflussen. Am besten zu beeinflussen sind die Rahmenbedingungen. Man sagt nicht grundlos «Gelegenheit macht Diebe». Tatsächlich sind die Rahmenbedingungen und ganz speziell die Gelegenheiten ein wesentliches Anreizmoment. Rahmenbedingungen liefern das Material für die Risikoeinschätzung und Optimierung. Kann man an einem bestimmten Ort unauffällig einbrechen? Sind die Bewohner in den Ferien? Ist derjenige, den man auf der Straße überfallen will, allein oder in einer Gruppe unterwegs? Gibt es Zeugen, die zuschauen? Kann man – etwa bei Demonstrationsdelikten – in einer Gruppe untertauchen? Gibt es Alarmanlagen, Videos, Polizeipatrouillen? Zu den Rahmenbedingungen gehören auch die Gesetze mit ihren Sanktionen. Sie legen «Stolpersteine» in den Weg, bauen Hürden, setzen Negativanreize. Die Summe der anderen Anreize muss stärker werden, wenn sie diesen Negativanreiz übertreffen sollen.

Wenn ich im Folgenden bestimmte Anreize vorstelle, so erhebt das Vorgestellte in keiner Weise Anspruch auf Vollständigkeit oder gar Wissenschaftlichkeit. Ich stelle oder lege einfach Typen von Anreizen vor, die sich für mich über rund drei Jahrzehnte hinweg aus der Summe der behandelten Straffälle als bedeutsam herauskristallisiert haben. Immer wieder zeigt sich, dass auch hinsichtlich der wirksamen Anreize Halbwelt und Unterwelt der Spiegel der Oberwelt sind.

Zielanreize

Zielanreiz Geld

An den Anfang gehört klar der Reiz aller Reize: *Geld (und alles, was man damit machen kann).*

Geld ist fester Bestandteil der meisten Zielanreize und damit eine Art Grundanreiz. Geld soll bei fast jeder Aktivität in Unterwelt und Halbwelt herausschauen. Da gilt letztlich nichts anderes als in der Oberwelt. Warum bilden wir uns aus und dann auch noch weiter? Warum arbeiten wir? Warum wollen wir Karriere machen, warum sparen, investieren, spekulieren wir? Wir wollen zu Geld kommen – und damit Zugang zu all dem, was man damit machen kann. Dermaßen viel, was wir uns erträumen, ist mit ökonomischen Erfolg verbunden beziehungsweise wird nur dank ihm machbar, dass wir Erfolg automatisch fürs Erste gleichsetzen mit ökonomischen Erfolg.

Aber – Geld allein ist praktisch nie ein Anreiz. In jeder der drei Welten ist derjenige ein Kuriosum und eine Rarität, der einen Haufen Geld erwirtschaftet und dann einfach hortet.

Nicht einmal Fantasiegeschöpfe benehmen sich so seltsam: Onkel Dagobert genießt das tägliche Bad im Tresor seiner Talerchen. Fafnir, der Greif, diese Figur aus der nordischen Mythologie, legt mit Genuss die Helden flach, welche sein Hort anlockt wie Konfitüre die Wespen.

Das Geld ist Mittel zum Zweck. Es soll Genüsse aller Art, Sex oder Glamour finanzieren. Es soll Macht, Sicherheit, Akzeptanz und Bewunderung verschaffen. Vor allem aber soll es die Freiheit der Wahl verschaffen – und das schnell. Von so vielen Wünschen lässt sich höchstens jener nach Sicherheit diskret erfüllen. Wer sich vom Rest etwas erfüllen kann, erweckt Aufsehen, ob er will oder nicht. (In der Regel will er.) Entsprechend rar ist «unsichtbares» Geld.

Dieser Stellenwert des Geldes macht Ermittlungsbehörden die Arbeit in zweierlei Beziehung leichter.

Zum einen sind «wirtschaftlich sinnlose» Delikte eher selten. Bereits für die Suche nach dem Sinn eines Deliktes bewährt sich entsprechend oft die alte Ermittlerweisheit «Folge der Spur des Geldes». Bei einem Taschendiebstahl, bei einem Raubüberfall auf der Straße oder in einem Geschäft, bei einem Überfall auf einen Geldtransport, bei Betrug aller Art ist sofort erkennbar, dass es um Geld ging. Nicht jeder Fall liegt so einfach: Wird der Inhaber eines Balkanrestaurants zusammengeschlagen und nichts weggenommen, so kann dahinter eine Gruppe stehen, die Schuldgelder erpressen will. Gleiches kann gelten, wenn der Kneipier erschossen wird: Zwar wird er selber nie mehr Geld abliefern, aber andere werden kapieren, dass Bezahlen dem Sterben vorzuziehen ist.

Die Ermittlerweisheit bewährt sich ein zweites Mal, wenn man bereits davon ausgehen kann, es sei ein Delikt um Geld begangen worden. Dann führt die Spur zum Täter.

Was gilt, wenn das Motiv Geld bloß vorgetäuscht wird? Einem Niedergeschlagenen oder gar Getöteten werden Geld, Uhr und Handy abgenommen, um einen primitiven Raubüberfall zu suggerieren, während es in Wirklichkeit um Schutzgelderpressung, Erbauseinandersetzungen, Sippenfehden geht. Derlei durchdachte Übungen sind in Kriminalfilmen gang und gäbe, in der Realität hingegen relativ selten, obwohl auch die Unterwelt Risikoanalysen durchführt und optimiert. Das liegt daran, dass der komplizierte Weg nicht der Weg mit den meisten Anreizen ist. Komplikationen enthalten immer zusätzliche Risiken. Gerade Komplikationen können unerwünschte Hinweise liefern. Auch wächst die Pannenanfälligkeit. Soll die gezielte Verfälschung eines Spurenbildes kein Eigentor werden, muss ein Könner sie vornehmen. Gleiches gilt für gebastelte Alibis.

Ein gezinktes Alibi beispielsweise, das ein misstrauisch gewordener Untersuchungsrichter auch mit Hilfe aller heute zu Gebote stehenden Hilfsmittel nicht knacken kann, verdient – klammert man Moral und Recht mal aus – als Spitzenleistung höchsten Respekt. Natürlich ist mir noch keines begegnet. Wer derlei basteln kann, braucht keinen Verteidiger. Aber ich bin vielen Klienten begegnet, die es versuchten und scheiterten, und ich ziehe darum wie folgt Bilanz: Können Ihre Zinkerleistungen nicht mit den Leistungen von Albert Einstein, Stephen Hawkins oder den besten Tresorknackern von Zürich in deren angestammten Revieren rivalisieren, lassen Sie bitte die Finger vom Zinken von Alibis. Ich begründe diese Warnung ganz summarisch. Ihnen stehen drei Wege zur Wahl:

- Sie können einen Tatzeitpunkt suggerieren, in welchem Sie nachweislich in Hawaii Ferien machen oder – viel besser – in einem Spitalbett liegen.
- Sie können den Tatzeitpunkt in Ruhe lassen und stattdessen Beweismaterial zusammenbasteln, das zeigt, Sie waren im entscheidenden Moment im TGV unterwegs nach Paris, hockten mit Freunden in Mani Matters «Leuie z'Nottiswil» oder einer anderen Pinte oder lagen ganz einfach mit der Freundin im Bett.
- Sie können die Tat durch andere ausführen lassen.

Wenn Sie sich mit den teilweise offenkundigen Risiken aller Varianten beschäftigen, werden Sie bald feststellen, dass der Schaden, den das Auffliegen eines gezinkten Alibis anrichtet, groß ist und kein Verteidiger ihn wird beheben können. Man wird Ihnen auch dort nicht mehr glauben, wo Sie die pure Wahrheit berichten, sobald diese Wahrheit Sie auch bloß andeutungsweise entlasten könnte.

Was für Alibis gilt, gilt für alle anderen Komplikationen. Der einfachste Weg ist in der Regel der sicherste, und weil die meisten das sehen oder spüren, auch der attraktivste.

Gelegentlich allerdings wäre die «Spur des Geldes» die richtige, aber sie ist fast nicht zu sehen. Einem solchen Fall verdanken wir Truman Capotes «Kaltblütig». Im Herbst 1959 wurden zwei Gescheiterte und Gestrandete durch einen falschen Tipp veranlasst, in einer US-Kleinstadt in einem Haus nach Geld zu suchen. Sie hatten sich abgesprochen, mögliche Zeugen zu beseitigen. Sie erbeuteten knapp 40 Dollar, ein Transistorradio und ein Fernglas. Sie blieben bei der Absprache und töteten die ganze Familie. Das Missverhältnis zwischen Tat und Beute erschwerte die Fahndung, weil sich niemand vorstellen konnte, dass jemand für so wenig morden könnte. So suchte man vorerst nach anderen, «angemesseneren» Motiven. Der Schriftsteller suchte den Kontakt zu den auf ihre Hinrichtung wartenden Tätern, um die Hintergründe der Tat, welche die ganzen USA schockierte, ausleuchten zu können. Die Täter warteten wegen mehrerer Rechtsmittelverfahren lange, Capote lernte sie entsprechend gut kennen und schrieb, was viele als sein Meisterwerk bezeichnen.

Schaut in der Halb- und Unterwelt Geld heraus, so stellt sich die Frage, was man damit tun soll. Auffällig oder diskret ausgeben, auf die hohe Kante legen, reinvestieren? Interesse an einer langfristigen Sicherung von Geld finden wir am ehesten bei Personen, die bereits seit längerer Zeit in ihrer Branche tätig sind. Der Halbweltler, der mit erheblichen Investitionen mehrere Clubs aufgebaut und zum Laufen gebracht hat, will damit langfristig verdienen. Denkt er an den Anfänger, als welcher er seinerzeit für eine anschaffende Freundin den Zuhälter machte und das Geld so auffällig wie möglich ausgab, so lächelt er je nach Stimmung überlegen oder sentimental. Beim Mafioso, der eine Familie gegründet hat und seine Kinder heranwachsen sieht, wächst das Interesse, sein Kapital zu sichern und zu diesem Zweck in legale Unternehmen zu investieren. Schließlich sollen es die Kinder einmal leichter haben, als er es gehabt hat.

Das sagen auch jene, deren eigene Jugend alles andere als schwer war – es klingt so schön. Das Sicherungsbedürfnis bei Personen aus der Halbwelt und auch der Unterwelt, die bereits länger im Geschäft sind, produziert Kurioses: Es gibt wenig Spießigeres als einen Unterweltler, der sich betont bürgerlich und etabliert gibt. Durch ihn wie durch den Halbweltler, der Teil der bürgerlichen Welt werden möchte, werden bürgerliche Werte viel weniger in Frage gestellt, als in der bürgerlichen Welt selbst.

Während der Wunsch nach Sicherung des Erreichten steigt, nimmt das Zurschaustellen des Erfolges ab. Dafür sorgt nicht Bescheidenheit. Auch Unterweltler und Halbweltler tun gut daran, die Gefährlichkeit des Neides nicht zu unterschätzen und drauf zu achten, dass ihr Auftreten keine neidmotivierten Aktionen auslöst. Sie brauchen derlei auch nicht mehr – auffallen um jeden Preis muss nur der Jungunternehmer. Wer sich durchgesetzt hat und als Respektsperson gilt, ist genauso wenig mehr auf demonstrativen Reichtum angewiesen wie der CEO einer großen Industriefirma. So erklärte kürzlich ein schweizerischer Milliardär als sein größtes Glück, mit seiner Familie vor Weihnachten *Guetzli*, also Kekse und Biscuits, zu backen. Warum sollte er mit seinem Geld auftrumpfen? Man weiß ja, dass er es hat.

Ähnlich demonstrative Zurückhaltung kann man auch bei den Etablierten der Halbwelt und Unterwelt beobachten. Natürlich genießen sie ihr Geld weiterhin, aber *discrètement*, mit Vorliebe auswärts, im Ferienhaus in Übersee, auf der Yacht. Zu Hause vermeiden sie alles, was allzu großen Neid erwecken oder die Behörden unter Zugzwang setzen könnte, Während der junge Halbweltler durch teure In-Kleidung, ebenso teuren Schmuck, In-Hund, In-Auto und Parmaschinken-Oberarme auffällt beziehungsweise auffallen muss, wird sich der wirklich Etablierte, dem eine Reihe von Clubs gehört, immer mehr aus dem Scheinwerferlicht zurückziehen. Allenfalls wird er in Fernsehdiskussionen betont korrekt über seine betont korrekten Geschäfte berichten und mit gebührender Zurückhaltung beanstanden, dass die Gesellschaft alte Vorurteile nicht überwinde. Im Zweifel wird er auch auf solche mustergültigen Auftritte verzichten.

Grundbürgerliche Werte halten sogar Einzug in Satzungen oder Regeln von kriminellen Organisationen. So wird in der sizilianischen Mafia die Familie als Kern der Gesellschaft hochgehalten. Der Kodex verbietet, die Ehefrau in irgendeiner Weise durch sichtbare Untreue bloßzustellen oder schlecht zu behandeln. Der Mafioso, der in liederlicher Weise seine Familie vernachlässigt oder brüskiert, wird in der Organisation bald nichts mehr zu vermelden haben. Glückspiel und insbesondere der Besuch von Spielkasinos sind verpönt. Besitzen darf man beliebig viele Casinos, aber man darf nicht spielen. Jedes unstete hitzköpfige Verhalten gefährdet die gesamte Gruppierung und wird unterbunden. Solche Satzungen sind nicht von jugendlichen Draufgängern geschaffen worden, sondern von erfahrenen alten Hasen, die realisiert haben, wie viel Wert Stabilität hat.

Entsprechendes finden wir überall, wo eine kriminelle Organisation auf längerfristige Tätigkeit angelegt ist, sei das die japanische Yakuza, seien das chinesische Triaden oder viel Kleineres wie balkanische Familienclans, die in deliktischer Weise tätig sind. Stets finden wir betonte Familiarität, Sicherheitsdenken, eine beinahe schon übertriebene Etabliertheit und Bürgerlichkeit.

Das Ziel, zu Geld erst einmal zu kommen und es dann zu sichern, setzt in der Oberwelt wie in der Halbwelt und Unterwelt einen derart übermächtigen Anreiz, dass es überall zu den gleichen Überlegungen zwingt. Auch die Wegreize stimmen teilweise überein.

Einzig die Rahmenbedingungen sind anders. Was die Verbote für den Unterweltler, sind die Steuern, Rahmenverträge und so weiter für den Oberweltler. Aber diese Unterschiede verhindern nicht, dass in der Ökonomie des Verbrechens und der Halbwelt gleiche oder ähnliche Reaktionsmuster auftreten wie in der Oberwelt. Wir haben bereits festgestellt, dass ein Verbot mit der dazugehörigen Sanktion und der Durchsetzung der Sanktion ökonomisch ein Risiko und damit einen Kostenfaktor darstellt. Dieser Kostenfaktor unterscheidet sich als Negativanreiz in keiner Weise von einer Verteuerung der Produktion durch steigende Rohstoffpreise in der Oberwelt. Ist der Markt stabil genug und erlauben die Konkurrenzverhältnisse, den Mehrpreis auf den Kunden abzuwälzen, so verliert der eine wie der andere Negativanreiz seine Wirkung.

Ein Paradebeispiel liefert die Prohibition in den Zwanzigerjahren des 20. Jahrhunderts in den USA. Sie machte den Alkoholpreis zu einem Risikopreis. Die Produktion musste heimlich erfolgen, desgleichen der Vertrieb. Es mussten Leute für das Risiko bezahlt werden, das sie mit Herstellung, Transport, Vertrieb auf sich nahmen. Es entstanden Rechtskosten. Es entstanden Kosten, wenn die Polizei wieder einmal Ware beschlagnahmte. Die Endpreise stiegen massiv. Aber die Abnehmer bezahlten auch diese Preise. Der verbotene Markt wurde so interessant, dass er Schwärme von Delinquenten anzog und schließlich zur Bildung von kriminellen Organisationen führte.

Im legalen Bereich lässt sich Ähnliches beim Heizöl- und Benzinmarkt beobachten. Die steuerliche Belastung von Benzin ist sehr hoch. Der Rohstoff wird immer teurer. Aber der Markt ist stabil, er schluckt jeden Aufschlag, er bricht nicht ein. Also führen die hohen Kosten nicht dazu, dass niemand mehr mit Öl oder mit Benzin handelt, sondern dazu, dass letztlich alle, die in diesem Handel und in der Produktion tätig sind, besser verdienen als je zuvor.

Verbietet man die Prostitution, so nimmt man Einfluss auf einen recht stabilen Markt, aber – er reagiert anders. Aus Konkurrenzgründen ist es hier schwierig, die Preise so massiv heraufzusetzen, wie das neue Risiko es verlangen würde. Irgendwann sagt sich auch der großzügigste Freier, dass er das Ganze zu Hause billiger haben könne.

Wohin also mit den Risikokosten? Wie die Märkte in Gebieten mit verbotener Prostitution beweisen, können sie abgewälzt werden, denn diese Märkte blühen. Die Antwort ist schnell gegeben: Das schwächste Glied in der Kette darf die neuen Kosten tragen. Die Prostituierte muss ihre Leistung entsprechend billiger beziehungsweise mit weniger Ertrag erbringen. Solange diese reduzierten Einnahmen immer noch über dem Einkommen liegen, das sich in anderen Bereichen effektiv verdienen lässt – schöne Theorien brauchen uns da nicht zu kümmern –, bleibt die Anziehungskraft der Marktes erhalten. Geht man den umgekehrten Weg und liberalisiert man den Prostitutionsmarkt, so brechen die Preise nicht etwa völlig ein, sondern die Frau, die auf diesem Gebiet tätig ist, verdient deutlich mehr als auf einem Verbotsmarkt, und sie genießt den Rechtsschutz, der für jede legale Arbeit geboten wird.

Geht es um Geld und alles, was man damit machen kann, so spielen Vorbilder eine sehr wesentliche Rolle. Für den Einstiegsanreiz ist wichtig, was der Betreffende aus persönlicher Erfahrung weiß oder den Medien entnimmt. So wie ein Mensch in eine Bankkarriere einsteigt, steigt ein anderer in die Halbwelt oder gar Unterwelt ein, weil er vernommen hat, wie viel ein Leader im Erotikmarkt, ein großer Gangster, eine erfolgreiche Prostituierte kassiert. Schlagzeilen und Diskussionen um Spitzengehälter sind ein enormer Anreiz. Es muss sich aber nicht immer um Spitzengehälter handeln. Bereits vergleichsweise bescheidene Erfolgsmeldungen oder Erfolgsdarstellungen können enorm verlockend wirken, wenn sie jemandem zu Ohren oder vor die Augen kommen, der mit sehr viel weniger auskommen muss. Schon durchschnittliche Einnahmen, die eine durchschnittlich erfolgreiche Prostituierte in Westeuropa erzielt, bilden einen gewaltigen Anreiz für Frauen aus den neuen EU-Ländern, wo das Lohnniveau noch niedriger ist, gar nicht erst zu reden von Frauen aus Entwicklungsländern.

Wo immer Vorbilder Nachahmer finden, kann es nur einem sehr kleinen Teil der Einsteiger gelingen, die Leistungen ihrer Vorbilder zu erreichen. Nicht jeder Banklehrling wird CEO, nicht jeder Drogenkleindealer ein König im Drogenhandel. Erstaunlicherweise kümmern sich die meisten, die es auch probieren, nicht um diese Tatsachen und ziehen aus Misserfolgen keine Konsequenzen. Der Wunschtraum hält sie lange, oft viel zu lange bei der Stange. Der Bankangestellte wird vielleicht erst kurz vor seiner Pensionierung so richtig realisieren, dass der Zug nach oben schon in den ersten Jahren seiner Tätigkeit abgefahren war. Der kleine Dealer wird vielleicht nicht ganz so lange, aber auch sehr lange seinem Vorbild nacheifern.

Viele Darstellungen krimineller Organisationen – insbesondere solche der sizilianischen Mafia – kranken daran, dass sie sehr wenig über finanzielle Abläufe aussagen, obschon solche Abläufe einen maßgebenden Anreiz für den Einstieg bilden müssen. Wie ist die kriminelle Organisation finanziell organisiert? Wer verdient womit was? Wer ist an welchen Einnahmen beteiligt? Wie ist gewährleistet, dass man weiterhin beteiligt bleibt, wenn man einmal einsitzen muss? Wie verteilen sich die Gewinne, wenn die Organisation selbst Delikte anordnet? Wie verteilen sich die Gewinne, wenn der Einzelne als *Member* der Organisation sozusagen Privatgeschäfte im kriminellem Bereich vornimmt? Wie hängen Rang und Einkünfte zusammen? Diese Frage mag überraschen, aber für die sizilianische Mafia haben die Aussagen von Thomaso Busceta gegenüber Richter Falcone deutlich gemacht, dass auch Großverdiener innerhalb der Organisation bloß den Rang des einfachen Soldaten behalten können und in der Hierarchie nicht aufrücken. Mit wie viel kann der «Kleine» fest rechnen, mit wie viel kann er für Sonderleistungen rechnen? Wie und in welchem Umfang gelangen die Gewinne zu den Größeren und Großen?

In einem Markt, in welchem der Importeur seine Marge nach dem bemisst, was der Großkunde noch zu bezahlen bereit ist, der Großkunde bei der Weitergabe aufschlägt, was der Markt hergibt, und der Kleinhändler das Gleiche nochmals tut, stellt sich das Problem der Abführung von Gewinnen nicht groß. Da wirtschaftet jeder auf eigene Rechnung, und das Zusammenwirken kann sich auf Handelsbeziehungen beschränken.

Bei einer kriminellen Organisation sieht es anders aus. Vor allem dann, wenn diese Organisation Delikte wie Schutzgelderpressungen, Entführungen zwecks Erpressung, Strafaktionen beschließt und deren Realisierung anordnet, stellt sich die Frage, wer wen wofür womit bezahlt. Einnahmen aus Schutzgelderpressung beispielsweise kommen vielfach beim untersten Mitglied der Organisation herein, weil dieses den Betrag abholen muss. Behalten kann es den kleinsten Teil einer solchen Zahlung – der größte Teil muss «nach oben» weitergeleitet werden.

Führt die Organisation Strafaktionen gegen Abtrünnige oder Konkurrenten durch, so überträgt sie die konkrete Ausführung normalerweise wieder Mitgliedern der unteren Chargen. Natürlich muss sie diese Leute gebührend honorieren. Finanzflüsse von unten nach oben und von oben nach unten resultieren. Dabei müssen die Großen nicht bloß auf eine angemessene Abgeltung aller Leistungen achten – sonst laufen ihnen die Kleinen davon, oder es gibt Rekrutierungsprobleme –, sondern auch darauf, dass sich lohnt, ehrgeizig zu sein und sich hochzuarbeiten. Das heißt, dass ein verlockend großer Teil der Gewinne bei den Großen landet und verlockend große Einkommen ergibt.

Gewiss mögen Macht und Reichtum mancher krimineller Organisationen blenden, mögen auch Idealisierungen eine Rolle spielen, aber wenn sich kriminelle Organisationen je nach der Umgebung, in welcher sie arbeiten, vor Stellenbewerbern kaum zu retten vermögen, dann sorgen für das Fehlen von Nachwuchssorgen vor allem die Regeln, nach welchen die Leistungen des Einzelnen honoriert werden. Entsprechend aufschlussreich wären Antworten auf die vorhin aufgelisteten Fragen. Auch hier könnte die «Spur des Geldes» viel verraten. Aber leider stoßen die Finanzflüsse innerhalb der Organisationen im Gegensatz zu jenen zwischen Unter- und Oberwelt bis heute nicht auf großes Interesse. Meist begnügt man sich mit Beschreibungen einzelner Delikte, man glänzt mitunter mit Fahndungserfolgen, aber sie bleiben isoliert, und die ökonomischen Beziehungen, welche sie verbinden, bleiben unbekannt.

Ausnahmen gibt es: So hat eine Studie der University of Chicago (von Sudhir Venkatesh) meines Wissens erstmals konsequent analysiert, wie die Finanzverteilung innerhalb einer Crackdealer-Organisation funktioniert. Die Resultate beweisen, wie wertvoll solche Untersuchungen wären, denn sie überraschen. Ausgerechnet der Dealer an der Front, der eine äußerst gefährliche Arbeit macht, muss sich innerhalb der Organisation mit einem erstaunlich geringen Einkommen begnügen, das ihm oft nicht einmal erlaubt, außerhalb des Elternhauses eine Wohnung zu nehmen. Die Studie zeigt, wie sich erst in den höheren Rängen die Gelder so kumulieren, dass man von hohen Einkommen sprechen kann. Vorbild und Wunschtraum sind nur ganz wenige Leute an der Spitze und deren Spitzeneinkommen.

Auch in der Halbwelt macht sich mancher Illusionen, wie leicht es sei, zu Geld in rauen Mengen zu kommen. Doch wie es ein erhebliches Know-how braucht, um einen lukrativen Handwerkbetrieb aufzubauen und zu führen, brauchen Aufbau und Leitung eines lukrativen Bordells unternehmerische Fähigkeiten und Fachwissen.

Frauen schneiden in diesem Bereich deutlich besser ab. Spitzenverdienerinnen werden zwar nur wenige, aber zumindest in Mitteleuropa erzielen die meisten Frauen, die in dieses Metier einsteigen, ein Einkommen, das wesentlich über dem liegt, was sie sonstwo mit ihrer Ausbildung und ihren Mitteln erlangen könnten. Wieweit sie ihren Erfolg dann auch zu sichern und zu genießen wissen, ist eine andere Frage.

Öfter als in anderen Bereichen begegnen wir hier einer Kuriosität: Mitunter sehr gut verdienende und durchaus *toughe* Frauen überlassen praktisch ihre ganzen Einkünfte einem Freund/Liebhaber und lassen sich in einem Maß ausnützen, das alle rundherum sprach- und ratlos lässt. Und sie tun das nicht bloß einmal. Ist eine Frau mit einem Freund dergestalt auf die Nase gefallen, so kann man fast sicher sein, dass sie kurz nach dem großen Krach wieder mit einem ähnlichen Typ auftaucht und ihn so begeistert vorstellt wie seinerzeit dessen Vorgänger. Da hätten wir dann einen jener Fälle, in welchen wir mit Geld als Zielanreiz nicht weiterkommen.

Es ist aber keineswegs so, dass jede Halbweltdame ihr sauer verdientes Geld bereitwillig einem Zuhälter in den Rachen werfen würde. Mit der zunehmenden Liberalisierung im Prostitutionsrecht, jedenfalls in Mitteleuropa, ist das Selbstbewusstsein dieser Frauen gestiegen. Sie sind nicht mehr auf illegalen Schutz angewiesen. Sie können selbstständiger handeln und selber etwas aufbauen. Sie nutzen diese Möglichkeiten. Vielfach gründen sie Kleinunternehmen in der Absicht, diese auf längere Zeit hinaus zu betreiben. Das schnelle Geld verliert an Bedeutung, und wir können der Vergewerblichung des Sexgewerbes zuschauen – wenn wir das tun wollen. Die Kundschaft will es normalerweise nicht tun, also hält man ihr gegenüber die schillernd-unseriöse Fassade aufrecht, welche sie wünscht.

Natürlich denkt nicht jede Frau unternehmerisch und wird auch heute schnell verdientes Geld oft sehr schnell ausgegeben. Aber das finden wir auch in der Oberwelt: Viele geben ihr Geld mit vollen Händen und ohne einen Gedanken an die Zukunft aus, was ein Lotteriegewinn ihnen beschert hat, und werden so fast in Augenblicken mit Millionen fertig.

Erstaunlich sparsam und wenig zuhälterfreundlich verhalten sich junge Frauen aus den Entwicklungsländern, die als Touristinnen, also schwarz, in Mitteleuropa anschaffen. Sie haben meistens ein Ziel im Heimatland vor Augen – und meistens ein Ziel, von dem die ganze Familie profitieren wird. Sie wollen ein Haus bauen, einen Betrieb auf die Beine stellen, Kinder ausbilden. So schicken sie ihre Einkünfte zu einem großen Teil direkt nach Hause. Frauen, die mit einem solchen Ziel anreisen und hier dann ihre Einkünfte irgendeinem Schmarotzer überlassen, sind eher selten. Offenbar ist, wer mit dem klaren Vorsatz auf Zielsparen für eine begrenzte Zeit einsteigt, ziemlich immun gegen gewisse Formen von Anmache. Der Vorsatz, das Geld wie geplant zusammenzubringen, wird eingehalten. Weniger oft wird der Vorsatz eingehalten, dann aufzuhören. Dass kann nicht überraschen: Warum soll eine Frau nicht geneigt sein, mit einem weiteren Gastspiel nochmals so gut zu verdienen? Das Geld funktioniert nicht bloß als Anreiz einzusteigen, sondern auch als Anreiz, bis auf Weiteres nicht auszusteigen.

Erstaunen mag schließlich – und für manchen Mann tröstlich sein –, wie viele der Frauen, die anschaffen, im privaten Leben Gewicht auf eine betonte bis penetrante Biederkeit legen. Ich denke da an eine Freundin, die umwerfend aussehen konnte, aber ihre Paradiesvogelauftritte eisern auf ihre Arbeit beschränkte. Ihr Privatleben inszenierte sie mit geringelten Jersey-Pyjamas, dicken Wollsocken und Filzpantoffeln, also fernab von allem Glamour.

Sucht und Druckerleichterung

Wenn ich diesen Anreiz bereits an zweiter Stelle behandle, so soll das nicht bedeuten, dass er bedeutungsmäßig direkt nach dem Geld kommt. Er ist wichtig, er hält den Justizapparat sehr auf Trab, aber ich füge ihn hier ein, weil er sehr gut verdeutlicht, was zum Geld als Ziel der Ziele ausgeführt wurde.

Ein bei Delikten immer wieder auftretender Zielanreiz ist die Entlastung, welche dem Süchtigen der Konsum des Suchtmittels verschafft. Der Heroinsüchtige beispielsweise ist ständig einem sehr starken Anreiz ausgesetzt, sich Erleichterung durch Konsum von Heroin zu verschaffen. Aber nicht nur physische Abhängigkeit schafft Druck, auch die vorwiegend psychische Abhängigkeit von Kokain und manchen Medikamenten tut es. Glückspiel kann abhängig machen, Shopping kann abhängig machen … Dafür, dass wir für die letzten Jahre von einer eigentlichen Inflation des Begriffs Sucht sprechen können, sorgen vor allem diese psychischen Abhängigkeitsverhältnisse. Einige werden in der Fallsammlung zu Sprache kommen. Fürs Grundsätzliche in Sachen Anreiz zu Delikten eignet sich am besten die Stammform: körperlich-psychische Abhängigkeit von irgendwelchen verbotenen Substanzen.

Dass Drogen wie erwähnt erheblich zur Vollbeschäftigung bei Polizei und Justiz beitragen, ist wirtschaftlich zu erklären. Denn an sich neigt der Süchtige – abgesehen vom Suchtmittelkonsum – nicht stärker zu Delikten als jeder andere auch. Aber die strafrechtlichen Bestimmungen, die den Drogenmarkt bekämpfen sollen und bis zu einem gewissen Grade treffen, bilden einen Risikofaktor und damit einen Kostenfaktor, den zwangsläufig das schwächste Glied des Marktes tragen muss – also der Endverbraucher. Drogen und illegal vertriebene Arzneimittel sind wesentlich teurer als legal erhältliche Arzneimittel. Das gilt jedenfalls für europäische Verhältnisse.

Der Kunde ist bereit, fast jeden Preis zu zahlen, um sein Bedürfnis nach Suchtmitteln, genauer gesagt nach der Entlastung, die der Konsum bietet, zu befriedigen. Als Mittel hiezu dient so gut wie immer Geld. Die Fälle, in welchen er seine Drogen klauen kann, fallen nicht in Gewicht. Geld in solchen Mengen zu beschaffen, wie Drogensüchtige es brauchen, ist denjenigen vorbehalten, die beruflich sehr erfolgreich sind oder über viel Vermögen verfügen. Wer drogensüchtig und reich ist, kann sich die Drogen einfach kaufen. Wer drogensüchtig und Großverdiener ist, ebenfalls. Show-Stars haben kein Problem, das Geld für Kokain aufzutreiben. Auch der Banker, der als erfolgreicher Anlageberater als Erstes am Morgen aus seinem Schreibtisch das Briefchen Kokain holt und auf einem Spiegel seine Linien zieht, kauft einfach, was er braucht – und je mehr er aufs Mal kauft, desto billiger wird der Stoff, weil der Großabnehmer Rabatt verlangen kann. Der Mediziner, der von Opiaten abhängig ist, verdient in der Regel auch so viel, dass er sich die Drogen leisten kann, vor allem dann, wenn er aufgrund seines Zuganges zu Medikamenten die Möglichkeit hat, sich Drogen billiger zu verschaffen als auf dem Markt. Soziale Verelendung als Auswirkung von Drogensucht ist in diesen Kreisen entsprechend selten. Aber die Personen, die sich die Drogen problemlos leisten können, machen nur einen kleinen Teil des Drogenmarktes aus. Der Großteil der Konsumenten verdient nicht so viel mit Oberweltaktivitäten. Wie lassen sich die Lücken füllen?

Der Süchtige kann versuchen, in der Oberwelt eine bessere Position und ein höheres Einkommen zu erreichen. Aber seine Sucht schränkt die Möglichkeiten für einen solchen Aufstieg ein, dies übrigens auch in der Unterwelt. Und falls die Möglichkeit zum Aufstieg trotz allem besteht, dauert ein solcher Aufstieg meistens viel zu lange. Er kann versuchen, in der Halbwelt zu einem besseren Einkommen zu kommen.

Die junge Frau, die Kokain nimmt, kann zum Beispiel in die Prostitution einsteigen. Ist sie in diesem Metier erfolgreich, wird sie bald zu denjenigen gehören, die sich mit legalen Aktivitäten die Drogen leisten können. Aber auch hier ist festzustellen, dass Drogensucht den Aufstieg beeinträchtigt. Das gilt vor allem für Heroinsüchtige, insbesondere für Personen, die Spritzen benutzen. Weniger betroffen sind Kokainisten, die zumindest über eine längere Zeit hinweg sogar den Eindruck besonderer Effizienz und Energie erwecken können. Allerdings setzt eine erfolgreiche Show dieses Stils voraus, dass der Betreffende seinen Konsum nicht stetig weiter ausbaut oder dass er hie und da diskret zwecks Erholung verschwindet, um seinen Konsum wieder ein Stück herunterzuholen.

Hilft das alles nicht, so liegt das Beschaffungsdelikt sehr nahe. Beim Beschaffungsdelikt handelt es sich meistens um ein einfach gestricktes Delikt wie Raub oder Einbruchsdiebstahl, mit welchem sich der Süchtige die Mittel für den Stoff verschafft. Beschaffungskriminalität finden wir in ganz ausgeprägtem Maße bei Heroinabhängigen, vor allem bei Fixern. Sie kommt aber auch bei anderen Abhängigkeiten vor. Kennzeichen solcher Beschaffungskriminalität ist, dass die Delikte meist dem reduzierten Allgemeinzustand des Drogensüchtigen angepasst sind. Kennzeichen ist auch, dass sie ihm vergleichsweise wenig bringen. Denn bei der Veräußerung der Beute muss er regelmäßig noch stärkere Abschläge in Kauf nehmen als der «normale» Delinquent: Der Hehler sieht die Notsituation des Süchtigen und wird nicht versäumen, diese auszunutzen.

Neben der Sucht in all ihren Varianten gibt es noch eine Unzahl von anderen Drucksituationen, in denen die Befreiung ebenso attraktiv erscheinen kann wie bei der Sucht.

Allerdings bilden sie meist nicht Dauerzustände, sondern resultieren eher aus einzelnen Ereignissen. Besonders wichtig ist Druck finanzieller Art. Er kann die verschiedensten Ursachen haben; Geschäfte sind schief gegangen, Schulden sollten bezahlt werden, dringende medizinische Eingriffe sollten privat beglichen werden, weil ausreichender Versicherungsschutz fehlt und so weiter. Vielleicht haben die Schulden bereits Aktionen ausgelost, die nun ihrerseits wieder für Druck sorgen.

Typisches Beispiel dafür ist derjenige, der sich aufgrund finanzieller Probleme mit einer fragwürdigen bis kriminellen Handlung Geld verschafft hat und nun unter einem enormen Druck steht, dieses Geld zurückzuerstatten, bevor man das Defizit bemerkt. Wer Geld aus der Kasse genommen hat und noch nicht aufgeflogen ist, kann seine Tat immer noch vertuschen, indem er das Geld wieder beschafft und zurücklegt. Er greift zu diesem Zweck vielleicht in andere, weniger gut kontrollierte Kassen. Derlei kann zu Ketten von Delikten führen. Ein sattsam bekannter Auslöser sind Leasinggeschäfte, die mit der Veruntreuung eines ersten Leasingfahrzeuges enden und dann eine ganze Serie von weiteren faulen Leasinggeschäften nötig machen, weil die bisherigen Gebühren anders nicht finanziert werden können. Aber alles soll geheim bleiben.

Wirtschaftlichen Druck schafft manchmal harmlos Wirkendes wie der Wunsch der Familie nach schönen Ferien, nach irgendwelchen Luxusgütern, nach adäquater Ausbildung der Kinder. Ausgerechnet der löbliche Wunsch, den Nachkommen ein angenehmeres Leben zu verschaffen und eine bessere Ausbildung zu ermöglichen, hat nach meinen Erfahrungen ein hohes Schadenspotenzial. Es hat schon manchen bewogen das nötige Geld durch Halbwelt- oder Unterwelt-Aktivitäten zu beschaffen. Allerdings ist angesichts solcher Geschichten Vorsicht am Platz: Sie dienen gelegentlich als vorgeschobene Entschuldigung für Delikte, die primär anderen Zielen dienen.

Eine besonders brisante Form finanziellen Drucks erzeugen illegale Inkassopraktiken. Wer sich bei Wucherern oder in der Unterwelt verschuldet hat, wer große Spielschulden hat, die auf legalem Weg nicht eingetrieben werden können, wer von Erotik-Unternehmern ausnahmsweise ohne Vorauszahlung oder auf Kredit betreut wurde und danach nicht bezahlt hat, wer Schutzgeldforderungen zurückwies, kann leicht in eine Drucksituation geraten, die jede wie auch immer geartete Aktivität, sei sie nun legal oder illegal, attraktiv macht, wenn sie bloß Befreiung verspricht.

Nicht immer überlässt der Gläubiger in solchen Fällen dem Schuldner, selber auszusuchen, wie er delinquieren will. Gelegentlich weist er ihn auf mögliche illegale Aktivitäten hin oder zwingt sie ihm sogar auf. Mir sind schon Fälle begegnet, in welchen dem Schuldner Drogentransporte oder Drogenhandel abverlangt wurden und schlimme Folgen für den Fall der Weigerung nicht bloß für ihn selbst, sondern auch für Angehörige in Aussicht gestellt wurden.

Glamour

Glamour ist zum Anschauen bestimmt. *Pomp and glory* ohne Publikum gibt es nicht. Für das nötige Publikum sorgen vor allem die Massenmedien. Glamouröse Auftritte in verschiedensten Bereichen wecken bei uns immer wieder Staunen, Bewunderung, den Wunsch oder gar den festen Willen, dem Vorbild nachzueifern. Glamour ist ein mächtiger Zielanreiz.

Nirgends weiß man das besser und nutzt es hemmungsloser als im Show- und Filmbusiness.

So werden Stars gemacht und wieder demontiert. Was sie tun und lassen würden, wenn sie frei wählen könnten, liefert in der Regel zu wenig Stoff für die Medien. Für hinreichend aufregende Meldungen und genug Glamour muss geliftet, retouchiert, inszeniert und übertrieben werden. Dann füllen die Meldungen Zeitungen, Zeitschriften und Fernsehkanäle. Sie berichten von immensen Honoraren, übermenschlichen Freuden und Leiden, jubeln mit oder weinen mit. Fotos zeigen Stars entweder ganz oben oder dann ganz unten. Die Mitte interessiert so wenig wie die Grenze zwischen Realität und Fiktion. Den seltsamen Mischwesen, die solcherart produziert werden, gelten dann Liebe bis zur Anbetung, Bewunderung, Neid des Publikums. So müsste man leben können. Auftreten – und alles dreht sich um einen. Einen Wunsch äußern – und alle rennen, ihn zu erfüllen.

Zahllose träumen davon. Abertausende versuchen, den Traum zu realisieren. Zu Fernsehsendungen, bei denen es um Entdeckung von Jungstars geht, drängen sich die Kandidatinnen und Kandidaten ebenso wie das Publikum.

Kaum weniger glamourös darf sich der Sport, das heißt der Spitzensport, geben. Wir brauchen bloß an die Pokalverleihungen bei Formel-1-Rennen, an die riesigen Gehälter von Fußballern, an Wimbledon oder Allinghi zu denken. Allerdings ist der Glamour hier eher noch vergänglicher als sonstwo. Dass sich jemand im Sport während längerer Zeit an der Spitze halten kann, ist eher selten und in manchen Sportarten schlicht unmöglich. Aber der Anreiz ist riesig.

Der erfolgreiche Künstler kassiert im Zweifel weniger als der Spitzenfußballer und seine Fangemeinde setzt sich anders zusammen, aber er wird ebenso bewundert. Man lobt ihn in den Himmel, was angesichts mancher Werke nur die Fangemeinde versteht. Auch er wird in der Welt der Reichen und Schönen herumgereicht. Kein Wunder, kommen auf jeden Künstler, dessen Werke in den großen Galerien verkauft werden und dessen Auktionspreise Schlagzeilen machen, Heerscharen von Trittbrettfahrern, die in irgendwelchen Billigateliers werkeln.

In den genannten drei Bereichen darf man mit Schönheit, Erfolg und so weiter fast beliebig prunken: Hier – und dann noch beim Militär vieler Länder – gilt so etwas wie Narrenfreiheit. Wir finden glamouröses Auftreten aber nicht bloß im Unterhaltungssektor, in Sport und Kunst. Glanzvolle, sorgfältig inszenierte und aufs Publikum abgestimmte Auftritte leistet man sich überall:

Spitzenmanager tun es, wenn sie bei Generalversammlungen von riesigen Lichtwänden zum Publikum sprechen, in gepanzerter Limousine vorfahren oder im Helikopter kommen und gehen.

Wie die Wirtschaft kennt die Politik glamouröse Selbstinszenierungen. Besonders beliebte Bühnen geben große Wahlkämpfe, Staatsbesuche und Gipfeltreffen ab. Narrenfreiheit genießen allerdings nur gewisse Alleinherrscher. Im Allgemeinen bestimmt das Zeremoniell so gut wie alles und ist ebenso unerbittlich wie stabil. Nur hie und da gerät ein kleines Stück Zeremoniell unter Beschuss und wird angepasst.

Militär präsentiert sich desto glamouröser, je schlechter es dem betreffenden Staat geht. Den Vogel pflegen Staaten abzuschießen, die zudem auch noch in kriegerische Auseinandersetzungen involviert sind. Siegesparaden und Staatsbegräbnisse mit allem Drum und Dran sind meist Glamour pur.

Für jeden der genannten Bereiche gilt: An die Spitze, ins Scheinwerferlicht hinaus schaffen es nur ganz wenige. Alle anderen werden nie in Glanz und Gloria auftreten können. Aber vielen sind Träume lieber als eine nüchterne Erfolgsrechnung.

Alle bisher genannten Beispiele stammen aus der Oberwelt, doch heißt das nicht, dass Glamour in den beiden anderen Welten unwichtig wäre.

Allerdings sieht sich jener, der einem Vorbild aus der Halbwelt oder Unterwelt nacheifert, einem speziellen Problem gegenüber. Glamour ohne Publikum gibt es nicht. Die Umgebung muss vom Erfolg und vom Reichtum des Betreffenden wissen, um ihn bewundern und beneiden zu können.

Aber extrovertiertes Vorführen von Reichtum, Erfolg oder Macht ist vor allem in der Unterwelt riskanter. Bleibt also nur der Verzicht? Theoretisch ja, praktisch nein: In den Achzigerjahren inszenierten sich in Deutschland und in der Schweiz vor allem Halbweltgrößen nach allen Regeln der Kunst. Auch heute prunken bei uns ein paar etablierte Gangster größeren Kalibers, von denen zwar «jedermann weiß», was sie tun, denen man aber nichts nachweisen kann, mitunter recht hemmungslos mit dem Erreichten. Allerdings können (und wollen) sie mit ausländischen Vorbildern wie Drogenbaronen aus Südamerika, Mafiabossen aus den USA oder Italien, russischen Oligarchen aus der Wirtschaftshalbwelt nicht mithalten, ist doch ratsam, nicht allzuviel Neid in der Umgebung und nicht allzuviel Interesse bei den Behörden zu erwecken.

Im Zweifel darf sich der Halbweltler mehr leisten als der Unterweltler. Es gibt haufenweise Halbweltaktivitäten, die einträglich und rundum legal sind. So muss der Puffbesitzer, der mit einem schönen Wagen herumfährt, sich mit schönen Frauen umgibt und in In-Lokalen speist, schon sehr dick auftragen, damit es der Konkurrenz oder den Behörden zu viel wird.

Noch etwas einfacher hat es die Frau, die in der Halbwelt arbeitet und erfolgreich ist. Sie wird sich gern – und legitimerweise, denn sie hat dafür gearbeitet – mit Symbolen ihres Wohlstandes umgeben. Zurückhaltung legen hier manchmal der Kundenkreis und immer die Steuerbehörden nahe. Das supererfolgreiche Callgirl muss darauf achten, dass nicht jeder Kunde, mit dem sie ausgeht, ein gefundenes Fressen für die Skandalpresse ist. Und Steuerbehörden sollte die Differenz zwischen deklarierten Einnahmen und luxuriösem Lebensstil nicht zu einer Ermessenseinschätzung animieren.

Riskanter sind der Wunsch nach Glamour und seine Erfüllung für den Unterweltler, der mit illegalen Machenschaften erfolgreich war und ist. Egal, ob er Geld mit vollen Händen ausgibt oder Macht demonstriert oder gar mit Andeutungen klarstellt, dass er einer von denen sei, denen die Polizei nichts anhaben könne – er pokert hoch. Aber just dieses pervers wirkende Pokerspiel finden wir häufig. Wie ist das zu erklären? Welcher Anreiz sorgt dafür? Glamour im landläufigen Sinn reicht als Erklärung nicht aus. Einige Beispiele habe ich früher schon erwähnt: das Posieren am Telefon mit Machogehabe, Gangstersprüchen à la Film oder ad hoc gebastelten Codewörtern.

Wo die Geschäftswelt der Oberwelt im Zeichen des Understatements steht, wird Glamour oft zu einem Markenzeichen der beiden anderen Welten. Dann betonen Medienberichte über St.-Pauli-Größen oder bekannte Halbweltgestalten anderer mitteleuropäischer Städte dieses Markenzeichen bis hin zur Übertreibung, Noch weiter geht der Film über die Wirklichkeit hinaus. Die Filme schaut man auch in Unter- und Halbwelt an und meint «wow». Dieses «Wow» und der Wunsch, auch so großartig aufzutreten, läuten dann die nächste Runde ein. Wenn im mitteleuropaischen Kokainhandel der Neunzigerjahre reihenweise einschlägig uniformierte Kokaindealer unterwegs waren, verdankte man dies der Miami-Vice-Serie aus dem US-Fernsehen: Viele europäische Dealer kleideten sich genau so – und die Polizei hatte nichts dagegen. Auch südamerikanisch betonte Pferdeschwänzchenfrisuren wurden damals ein *Glamour Asset* und tauchten überall auf. Weiter ersetzte schwerer Gelbgoldschmuck den vorher beliebten, erheblich diskreteren Weißgoldschmuck.

Fallen Halbwelt und Unterwelt vermehrt glamourös auf, nimmt der politische Druck, sie in ihre Schranken zu verweisen, zu. Die Behörden werden früher oder später Härte demonstrieren und durchgreifen, die nächste Generation der Halbweltler und Unterweltler wird wieder etwas mehr Wert auf Diskretion und Weißgold legen, die Zahl der Strafverfolgungen wieder abebben – und langsam wird sich die nächste Woge von unter- und halbweltlichem Glamour aufbauen. Auch da gibt es nichts Neues unter der Sonne.

Für die Vorliebe für schweren Goldschmuck und Markenuhren zeichnet übrigens nicht ausschließlich der Wunsch nach *Pomp and glory* verantwortlich. Solche Accessoires ermöglichen es, große Werte mit sich und auf sich zu tragen. Man hat sie dabei, falls man aus irgendeinem Grund schnell verschwinden muss und der Weg zum Eingemachten aus irgendwelchen Gründen (etwa durch Beschlagnahmungen oder Ausschreibungen) verbaut ist. Das philosophische «Omnia mea mecum porto» wird in Unterwelt und Halbwelt sehr realistisch verstanden und praktiziert.

Schmuck und Uhren sind sowohl Statussymbole als auch leicht

realisierbare Aktiven. Im Blick auf diese Realisierbarkeit wird vor allem Standardschmuck in teurer, aber konventioneller Ausführung gekauft und getragen. Beliebt sind Stücke, bei denen auch in Asien, Afrika und Südamerika praktisch jeder Interessierte sofort den Wert abschätzen kann und einen entsprechend realistischen Preis dafür bieten wird.

Besondere Beliebtheit genießen seit Längerem die Rolex-Uhren. Bei ihnen kann man schon fast von einer Sonderwährung sprechen.

Kann Glamour nur aus Erfolg entstehen? Wie in der Oberwelt ist er auch in den anderen Welten gelegentlich die Folge von mediengerechten Misserfolgen. Der glorreiche Verlierer erntet unter Umständen mehr Bewunderung als der Gewinner. Für die Unterwelt lässt sich das am Beispiel des italienischen Staatsangehörigen L. zeigen.

L. realisierte zusammen mit Kollegen vor etlichen Jahrzehnten den wohl größten Geldtransportüberfall Italiens. Der Raubüberfall fand in Mailand statt und zeichnete sich unter anderem dadurch aus, dass niemandem dabei irgendetwas Gravierendes passierte. Gerade weil er völlig unblutig blieb, schlug der Überfall enorme Wellen, die *banda della tute blu* wurde zum Begriff, eher schon zur Legende, und die meisten Leute verfolgten die Ermittlungen mit dem gleichen Vergnügen, mit dem sie im Kino den Wettlauf von sympathischen Gaunern und brillanten Fahndern verfolgen. Den Spitznamen hatte die Bande erhalten, weil alle beim Überfall gleiche blaue Overalls getragen hatten.

Die Idee war gut – jegliche Uniformierung erschwert die Identifizierung schon dann, wenn auf Masken verzichtet wird. Vorerst verfügte die Polizei über keinerlei Anhaltspunkte, wo sie die Täter suchen müsste. Aber zum Bedauern vieler hatte die *Banda della tute blu* Pech und flog ausgerechnet wegen der blauen Overalls auf. Ein Mitglied der Gruppe, das in einer Textilfirma arbeitete, hatte die Kleider günstig beschafft und dabei einen ersten Fehler gemacht: Die «tute blue» stammten aus einer noch nicht in Serie gegangenen Vorproduktion. Nach dem Überfall entsorgte man das ganze Bündel in einem Mailänder Kanal, dessen Wahl sich als zweiter Fehler erwies:

Ausgerechnet dieser Kanal wurde wenig später wegen Bauarbeiten trocken gelegt, und man stieß auf die Overalls. Der Fund gab den Ermittlungen endlich eine Richtung. Nachdem L. – übrigens ein sehr kultivierter, liebenswürdiger Mensch – und seine Kollegen verhaftet worden waren, feierte die Mailänder Polizei ihren Triumph mit einem Dankgottesdienst im Mailänder Dom. (Wie man sieht, versteht sich auch die Polizei auf Glamour.) Die Strafen waren drakonisch. L. saß ca. 20 Jahre in italienischen Gefängnissen, aber er blieb ein Star.

Er zeigte mir einmal einen Ordner mit Pressemeldungen und Fan-Post, die er während des Vollzugs vor allem von jungen Frauen erhalten hatte. Der Ordner ließ sich kaum mehr schließen, so viele Briefe, Pressemeldungen und vor allem Fotos enthielt er. L. sah auf allen Fotos so gut aus, dass ich mich einen Moment lang fragte, ob er nur solche Fotos aufbewahrt hatte. Aber der Umfang der Sammlung sprach für ihre Lückenlosigkeit, und die Fotodokumentation belegte ganz einfach das Wohlwollen, das ihm offensichtlich auch die Maßenmedien entgegenbrachten.

Vor einigen Jahren – ich verteidigte damals einen der Zürcher Posträuber italienischer Herkunft – rief L. mich an und beurteilte den Zürcher Fall als Kenner: Im Prinzip sei in Zürich gute Arbeit geleistet worden, aber man hätte mit einem rein italienischen Team arbeiten sollen. Araber seien für derlei nicht geeignet. Ich reichte das Kompliment beim nächsten Gefängnisbesuch an meinen Mandanten weiter, der strahlte und nach der Besprechung mit dem Stolz eines spanischen Grande davonschritt: Egal, wie sehr er seine Tat bedauerte, sie hatte den großen L. veranlasst, ihm seine Hochachtung auszusprechen …

Zielanreiz Macht, Respekt, Furcht

Der Zielanreiz, Macht auszuüben, Respekt zu genießen oder sogar gefürchtet zu werden, spielt eine große Rolle. Neben ihm führt der Anreiz, geliebt zu werden, ein Mauerblümchendasein. Natürlich hat der Zielanreiz der Macht viel mit Geld als Mittel zu tun. Geld in großen

Mengen kann Macht, Respekt, Furcht vor den dem Reichen offenstehenden Möglichkeiten bewirken. Allerdings ist Geld nicht das einzige Mittel, sich Macht zu verschaffen, wie wir noch sehen werden.

Der Wunsch nach Macht spielt überall, also auch in der Oberwelt, eine wesentlich größere Rolle, als man das gemeinhin wahrhaben möchte. Wer als Politiker Karriere macht oder sich für eine Laufbahn als Polizeioffizier, Militäroffizier, Justizbeamter, Richter oder Staatsanwalt entscheidet oder eine führende Position in der Wirtschaft anvisiert, tut dies nicht ausschließlich aus jenen Gründen, die er bereitwillig nennt. Stets reizt ihn auch die Aussicht, über andere bestimmen zu können, sich Ansehen und Respekt bei ihm Unterstellten verschaffen zu können, kurz gesagt, Macht zu kriegen und ausüben zu können. Denn alle Macht über andere ist reizvoll, wie das bereits die kleinen Kinder bald einmal herausfinden. Zu ihrem Reiz gehört unter anderem, dass man launisch und unberechenbar sein kann, andere demütigen kann, sich mehr nehmen kann als das, was einem zustünde – und dass die Macht dadurch nur noch größer wird, falls man nicht übertreibt. So lädt alle Macht in einem Maß zum Missbrauch ein, was W. Burckardt zur baslerisch knappen Feststellung veranlasste: «Macht ist böse.»

Besonders deutlich werden das Gewicht dieses Anreizes und seine Gefährlichkeit in Gesellschaften, die diktatorisch gelenkt werden. Der höhere Offizier, der SS-Offizier oder der hohe Politiker des Dritten Reiches hatte eine gewaltige Macht. In einer Diktatur, wie manche Entwicklungsländer sie kennen, garantieren politische Spitzenpositionen praktisch uneingeschränkte Möglichkeiten der Machtausübung – und des Machtmissbrauchs. Idi Amin mag als Illustration dienen. Gleiches gilt in solchen Staaten für die Spitzen des Militärs und der Justizapparates. Aber bereits jeder kleinere Repräsentant der Staatsgewalt ist den ihm Unterstellten keinerlei Rechenschaft schuldig und kann schalten und walten, wie er will, solange er keinem Höhergestellten damit missfällt.

Auch in mitteleuropäischen Demokratien finden wir zahlreiche Machtpositionen – und den ständigen Kampf, die Machtausübung unter Kontrolle zu behalten und den Machtmissbauch zu verhindern. Den staatlichen Gewalten mögen durch Gewaltentrennung, Willkürverbot und so weiter Beschränkungen auferlegt sein, dennoch bestimmen sie über das Schicksal von Menschen. Wer entsprechend Karriere macht, bestimmt mit und verfügt damit über eine nicht zu unterschätzende Macht. Die Wirtschaft mag sich zahllosen einschränkenden Bestimmungen gegenübersehen, dennoch nimmt die Macht desjenigen, der beispielsweise in einer Großbank Karriere macht, ständig zu.

Der erfolgreiche Halbweltler oder Unterweltler verfügt nicht bloß über Geld und je nach Geschmack über mehr oder weniger Glamour, sondern stets über eine nicht unerhebliche Macht. Er bestimmt, wer für ihn tätig sein darf. Er braucht als Unternehmer keine Rücksicht auf Gesamtarbeitsverträge, Gewerkschaften und derlei mehr zu nehmen, wenn er Mitarbeiter einstellt oder hinauswirft. Er kann Frauen gestatten, in seinen Puffs zu arbeiten, oder eben nicht. Bereits angesichts seiner ökonomischen Macht tut die Umgebung gut daran, ihn und seine Weisungen zu respektieren. Je nachdem, wie er seine Macht ausübt, tut sie auch gut daran, ihn zu fürchten. So etwa, wenn er berüchtigt ist für eigene Gewalttätigkeit oder Gewalttätigkeit seiner Mitarbeiter oder auch nur für Launenhaftigkeit und Unberechenbarkeit.

Ein Stück weit erlaubt ihm Macht, ein Ekel zu sein; unter Umständen verlangt sie sogar, dass er den Untergebenen die Rangordnung hie und da damit klarmacht.

Das Risiko, dass der Boss die Kontrolle verliert, ist nicht größer, aber auch nicht kleiner als bei irgendeinem Machthaber der Oberwelt. Sollte er allerdings – wie mir in mehreren Fällen begegnet ist – auf den Geschmack an der Willkür und dann auch noch auf den Geschmack am Kokain kommen, ist der Kontrollverlust garantiert: Der Chef wird zum Tyrannen werden, der nur noch vollkommene Willfährigkeit duldet – und er wird auch ohne Eingreifen der Polizei früher oder später einem anderen Chef Platz machen. Denn selbst der untertänigste Untertan wird schließlich genug haben. Bis dahin allerdings wird er der Schrecken seiner Umgebung sein – und leider ein Vorbild für manche Anfänger. Denn wie in der Oberwelt mitunter unangenehme Eigenschaften von Spitzenmanagern und Startenören eifrige Nachahmer finden, die sonst nichts zu bieten haben, versuchen auch unbedarfte kleine Halb- und Unterweltler mitunter, mit launischem, unberechenbarem Verhalten den Anschein von Macht zu erwecken. Da alle Grundlagen von Macht fehlen, wirkt die Show meist lächerlich.

Macht setzt immer voraus, dass zumindest die nähere Umgebung Bescheid weiß. Dem Gangster, von dem niemand weiß, dass er ein Großer in seinem Revier ist, begegnet niemand mit besonderem Respekt oder mit Bewunderung. Der Halbweltler, der zwar Inhaber-Aktien von verschiedensten Bordellen hält, aber aus Diskretionsgründen absolutes Stillschweigen wahrt, wird beim Besuch «seiner» Puffs wie ein ganz gewöhnlicher Freier behandelt. Erfolgreiche Safeknacker, Rammbockeinbrecher oder Räuber, deren Delikte nie bekannt werden, nötigen niemandem ein «Wow» ab. Dieses Defizit tangiert sie wirtschaftlich gesehen kaum, aber offensichtlich vermissen viele das Wow-Erlebnis. So stellen es manche Halbweltler und Unterweltler sicher, indem sie sich mit den Insignien der Macht ausstaffieren, auffällig auftreten, Andeutungen über ihre Erfolge fallen lassen oder gar am Telefon darüber plaudern, wofür die Ermittlungsbehörden dankend grüßen lassen.

Geht es in der Oberwelt darum, Macht zu markieren, so spielen Insignien eine große Rolle. Gepanzerte Limousinen mit Leibwächtern, pompöse Uniformen, Richterroben, riesige Büros mit ebenso riesigen Schreibtischen und einem van Gogh an der Wand, Schwärme von hilfreichen Geistern und vieles andere mehr machen der Umgebung klar, wer hier das Sagen hat und wie wichtig er ist.

Für Halbwelt und Unterwelt gilt ein Stück weit, was bereits unter dem Stichwort Glamour gesagt wurde: Auffällige Symbole der Macht fallen nicht nur denjenigen auf, denen sie imponieren sollen, sondern auch der Polizei. Darum müssten Auswahl und Einsatz gut bedacht werden.

Doch ist die Freude an der Macht eher noch besser als die Freude an Glamour geeignet, zu Unvorsichtigkeit zu verleiten. Einige Insignien, die in Halb- und Unterwelt eine große Rolle spielen, seien im Folgenden kurz vorgestellt. Gemeinsam haben sie eine eher überraschende Eigenschaft: Regelmäßig sind beide denkbaren Extreme zweckdienlich, also die Gruppenzugehörigkeit ebenso wie das absolute Einzelgängertum, der Auftritt mit Gefolge ebenso wie der Einzelauftritt.

Gruppenzugehörigkeit kann Macht signalisieren. Die Zugehörigkeit zu einer informellen Gruppierung wie etwa einer im Milieu bekannten und anerkannten Gesellschaft der großen Puff-Inhaber, tut den Dienst ebenso gut wie die Zugehörigkeit zu einer Biker-Organisation, über welche wildeste Gerüchten zirkulieren, oder zu einer jener gleichzeitig bekannten und geheimnisvollen Unterweltgruppierungen wie sizilianische Mafia, japanische Jakuza, russische Gruppierungen mit ihren Tatoos, nord- und südamerikanische Street-Gangs und so weiter. Je bekannter die Gruppierung ist, je gewalttätiger der Ruf ist, den sie in der Öffentlichkeit genießt, desto eher verschafft allein schon die Zugehörigkeit Macht und erlaubt, sich in Respekt, Furcht, auch Angst der Umgebung zu suhlen.

Höchstens «seriöse», auf Dauer angelegte und durchorganisierte Gruppierungen wie die sizilianische Mafia können sich ein Stück weit durchsetzen, wenn sie ihren Mitgliedern verbieten, sich mit ihrer Zugehörigkeit zu brüsten. Aber auch sie nutzen das Insignium der Zugehörigkeit zur Machtwahrung. Man spricht nicht darüber, aber weil alle Bescheid wissen, ist man von einer Aura der Macht umgeben. Große Narkotika-Dealer in Südamerika wissen ebenfalls um den Wert einer solchen Aura und sorgen dafür, dass man weiß, wer sie sind und dass sie zu diesem oder jenem Kartell gehören. Sie sorgen auch dafür, dass man über Gewalttaten, Frauenkonsum und Umgang mit in Ungnade Gefallenen flüstert. Wie erwähnt kann auch das genaue Gegenteil von Gruppenzugehörigkeit Macht signalisieren: Western und Kriminalfilme lieben den einsamen Helden, der auf keinerlei Helfer angewiesen ist.

Wie schon im alten Rom lässt sich die Klientel als Insignium der Macht nutzen. Wo immer ökonomischer Erfolg größeren Zuschnitts ruchbar wird, findet sich eine solche Klientel. Der Erfolgreiche kann sich, falls er das will, mit einem Gefolge umgeben aus Abhängigen, die ihre Loyalität beteuern kommen, aus Möchtegern-Profiteuren, aus Möchtegern-Aufsteigern, die sich für irgendwelche Dienstleistungen andienen in der Hoffnung, unter dem Machtinhaber Kariere zu machen, aus Leuten, die ihm Ideen, Lokale, Waren anbieten möchten, aus Parasiten. Der Kometenschweif, den er je nach Auftritt zulassen oder vom Platz weisen wird, mag nicht ganz billig zu stehen kommen, signalisiert aber jedermann, wie wichtig der Machthaber ist.

Große Auftritte können Glamour, Macht oder beides zusammen demonstrieren. Geht es um Macht, so lassen sie sich abstimmen auf jenen Aspekt, die man hervorheben möchte. Ist vor allem wirtschaftlicher Erfolg zu signalisieren, so eignen sich eine große Jacht mit Anlegeplatz im nobelsten Hafen von Marbella oder Spitzenrennpferde und -jockeys, welche *Trophies* einsammeln.

Soll vor allem klargestellt werden, wie man das Erreichte zu verteidigen versteht, tun dunkel gekleidete Leibwächter mit dunklen Brillen, von Waffen ausgebeulten Anzugsjacken, dicken Oberarmen und heute möglichst mit Knopf im Ohr (nicht von Steiff, sondern von den Funkgeräten) ihren Dienst. Sie deuten gleichzeitig auf so viele oder starke Feinde hin, wie nur ein wirklich wichtiger Mann sie haben kann. Allerdings ist die richtige Dosierung heikel: Zu viel Sicherheitsvorkehren könnte auf Furcht schließen lassen.

Scheu oder keine Scheu vor der Öffentlichkeit – auch da funktioniert beides als Machtbeweis, wenn klar wird, wie viel sich der Machthaber leisten kann. Ein Industriemagnat kann sich in sein Penthouse zurückziehen und praktisch nie mehr in der Öffentlichkeit auftreten. Unsichtbarkeit und Gerüchte werden ihn immer geheimnisvoller und mächtiger erscheinen lassen. Ein Heerführer, der nur durch Befehle in Erscheinung tritt, ein Ermittler, der hinter Mauern gegen die Mafia ermittelt, können von ihrer Unsichtbarkeit profitieren. Aber auch eine Vielzahl exzentrischer Auftritte können den Dienst tun.

Nur eines ist unumgänglich: Der Umgang mit der Öffentlichkeit muss so stark von normalem Verhalten abweichen, dass er zu einem Zeichen von Macht wird. Normales Auftreten, freundlicher und natürlicher Umgang mit den Leuten kann sich nur leisten, wer nicht oder nicht mehr auf Demonstrationen angewiesen ist.

Ungemein wichtig sind das Gerücht und sein böseres Geschwisterchen, die Verleumdung. Mehr als alles andere beweisen sie: Nicht die Wirklichkeit zählt, sondern unser Bild von der Wirklichkeit. So lassen sich auch eher bescheidene effektive Macht und mäßiger Erfolg beliebig aufblasen, wenn jemand versteht, die Gerüchteküche anzuheizen und Informationen in Umlauf zu setzen, die mit jeder Weitergabe an Gewicht gewinnen. Umgekehrt kann eine geschickte Gerüchtekampagne selbst echter Macht gefährlich werden.

Einem Warlord, dessen Macht mit der Furcht, eher schon Angst seiner Untertanen steht und fällt, kann nur willkommen sein, wenn in der Gerüchteküche immer wildere Geschichten über ihn und seine Brutalität zusammengebraut werden. Aber in der Regel muss der Betroffene sich wehren – oder täte gut daran, sich zu wehren. Verlacht er Gerüchte oder fühlt er sich gar geschmeichelt, kann die Sache ins Auge gehen. Das haben die Hells Angels einiger mitteleuropäischer Staaten in den letzten paar Jahrzehnten erfahren müssen. Sie inszenierten sich als Geheimbund. Sie genossen ihre Auftritte ebenso wie die immer wilderen Geschichten, die über sie herumgeboten wurden.

Aber sie bezahlten ihr Vergnügen teuer, als schließlich sogar der Staat ihre Gefährlichkeit aufgrund der Gerüchte beurteilte, sie massiv überschätzte und entsprechend massive Gegenmaßnahmen ergriff. Auch die glamouröse Halbweltprominenz vom St. Pauli der Achtzigerjahre musste lernen, dass es im Zweifel gescheiter ist, sich zu wehren. Allerdings darf man sich über die Wirksamkeit der Abwehr keine Illusionen machen: Der Satz «Tja, so ganz grundlos wird es wohl nicht geheißen haben, dass …» überlebt in der Regel. Gerüchte übertreffen auch Ackerwinden und Ratten, wenn es ums Überleben geht.

Zusammenhalt/Familie/Ersatzfamilie

Zugehörigkeit wirkt sowohl als Ziel- wie auch als Weganreiz, doch soll sie hier nur in ihrer ersten Funktion zur Sprache kommen. Wir alle wünschen uns, zugehörig zu sein, aufgehoben zu sein, Gruppenzusammenhalt und Solidarität zu erleben. In erster Linie soll die Familie dieses Bedürfnis befriedigen, doch bieten sich haufenweise andere Strukturen für alle Altersstufen, für alle Interessen, von rundum legalen Gemeinschaften bis hin zur ausgewachsenen kriminellen Organisation, an. Und wie überall sind auch hier die Grenzen unscharf.

Das Oberwelt-Angebot reicht von Pfadfindern bis zu Seniorenclubs. Ob in Ausbildung, Beruf oder in der Freizeit, man hat die Qual der Wahl: Schülervereinigungen, Studentenverbindungen, Rotary-Club und Ähnliches, Sportclubs von Fußball bis Golf, Vereine für Liebhaber von was auch immer ... überall kann man beitreten und «gehört dann dazu». Lange nicht alle, die das tun, wollen ein Defizit in Sachen Zugehörigkeit decken. Aber sich einzubringen und den so erlangten Status zu genießen, bedeutet dem Einzelnen auch in der Oberwelt desto mehr, je mehr er das Gefühl hat, er sei bisher in Sachen Zugehörigkeit nicht ausreichend auf seine Rechnung gekommen.

Allerdings kommt schnell auf die Welt, wer glaubt, sein Golf-Club sei ein Hort der Freundschaft und selbstloser Hilfsbereitschaft. Gerade Golf lässt sich derart gut mit knallharten Geschäften verbinden, dass heute zu gewissen Wirtschaftspositionen das Golfspielen zwingend dazugehört – und vielleicht bald einmal das Polospielen an seine Stelle treten wird, denn inzwischen spielen störend viele gewöhnlich Sterbliche Golf, und das Gefühl der Auserwähltheit ist nicht mehr das, was es einmal war. Zugehörigkeit als Karrieremittel besitzt nicht erst heute großes Gewicht: Bereits die alten Zünfte oder die Studentenverbindungen dienten unter anderem diesem Zweck.

In der Halb- und Unterwelt finden wir – und da sind sie für einmal nicht einfach der Spiegel der Oberwelt – mehr «Ersatzfamilien» mit Schadenspotenzial und mehr Personen, denen die Ersatzfamilie sehr viel Risiko wert ist. Besonders ansprechbar sind sehr junge bis junge Männer – bündische Gruppierungen wie jugendliche Streetgangs, gewalttätige Fanclubs oder Zuhälterbünde rekrutieren ihren Nachwuchs regelmäßig aus jungen Leuten. Ebenso regelmäßig gehören aber auch einige Alteingesessene dazu, welche manchmal die ganze Gruppierung für ihre Ziele missbrauchen. Warum junge Frauen viel wenig ansprechbar und Frauenbünde eine Rarität sind, wäre eine interessante Frage, die ich hier offenlassen muss.

Schon das Wort «Ersatzfamilie» macht deutlich, worum es geht: Ersatz steht in der Regel für das Zweitbeste und dort, wo ein Defizit an effektiver Gruppenzugehörigkeit ausgeglichen werden soll. Viele der sich anbietenden Gruppierungen stehen sozusagen an der Grenze zwischen Oberwelt und anderen Welten. Fußballfans können ihre Mannschaft legal unterstützen oder die Umgebung eines Stadions kaputtmachen. Bündische Jungendgruppierungen können bei legalen Anlässen mustergültig für Ordnung sorgen oder gefürchtete Jugendbanden sein. Den Wunsch nach Solidarität, Rückhalt, gegenseitiger Hilfe decken die von der Gesellschaft missbilligten Aktionen eher noch besser ab als die gebilligten.

Natürlich wollen Bünde nicht ausschließlich Ersatzfamilie sein. Eine ihrer weiteren Funktionen ist die Anonymisierung. Bündisches Auftreten erschwert, für eine Tat einen einzelnen Täter verantwortlich zu machen. Besonders schwierig wird es, wo Taten uniformiert begangen werden und die Zusammensetzung der Tätergruppe von Mal zu Mal wechselt. Diese Funktion verliert heute in gleichem Maße an Gewicht, wie die medizinische und kriminaltechnische Spurenauswertung verfeinert wird.

An einer anderen Funktion werden verfeinerte Ermittlungstechniken nichts ändern können: Zugehörigkeit zu einer Gruppe enthemmt. Der einzelne Fußballfan oder Hooligan mag ein braver, verantwortungsbewusster Typ sein, als Mitglied der Gruppe delegiert er aber nur allzu leicht die Verantwortung auf die Gruppe und legt los, wenn «man» beschlossen hat, loszulegen.

Das Angebot an Gruppen ist in der Unterwelt nicht geringer als in der Oberwelt: In Fachgruppen finden klassische Schränker oder

Fälscher zusammen. Banden, Gangs, halbfamiliäre Organisationen formieren sich im Drogengeschäft, für Einbrüche, Diebstähle oder Raubüberfälle. Nicht alle stehen allen offen. Bildet eine Familie den Kern, so wird sie bei der Rekrutierung auf die Wahrung der eigenen Position achten. Albaner halten nichts von Serben, Türken wenig von Kurden, Junge vielfach nichts von «Fossilien», wobei manchmal schon drei, vier Jahre darüber entscheiden, wohin einer gehört. Während in der Unterwelt die Gruppe in der Regel für sich steht und Einzelgänger recht häufig sind, setzt sich die Halbwelt vor allem aus Gruppen zusammen und wird der familiäre Zusammenhalt sogar über die Gruppen hinweg großgeschrieben.

Die Zugehörigkeit zu Unterwelt- und Halbweltgruppierungen betonen unter anderem

- *zunftähnliche Organisationen,* eine gewisse Abschottung gegen außen, die allerdings nie so weit geht, die Außenwelt ganz im Unwissen um Macht oder Reviergrenzen zu lassen
- *Geheimsprache,* zum Beispiel seit dem Mittelalter Rotwelsch im deutschen Sprachgebiet, oder
- *Geheimzeichen.*

Nichts von alledem ist der Halb- und Unterwelt vorbehalten. Im Laufe der Jahrhunderte haben sich immer wieder Gruppierungen abgeschottet und ihre eigene Sprache und Lebensform geschaffen. Ob Freimaurer oder Biker – alle verschafften sich ein verstärktes Gefühl der Zusammengehörigkeit, heizten die Gerüchteküche an, weckten gleichzeitig Respekt und Angst. Normale Fachgruppierungen gehen nicht so weit, aber auch sie lieben es, sich wenigstens via Fachchinesisch abzuschotten. Sie schaffen Geheimsprachen, die nur noch den Eingeweihten erlauben, einigermaßen zu folgen. Wir alle haben uns schon über Ärzte, Anwälte, Computer-Spezialisten und so weiter geärgert, die uns Vorträge hielten, die nur einen Zweck hatten: klarzustellen, dass der Zuhörer nicht dazugehört.

Der Wunsch nach einer Ersatzfamilie ist desto größer, je einsamer sich ein Mensch fühlt.

Die Bemühungen, das Defizit zu decken, nehmen manchmal seltsame Formen an. Eine von ihnen wird als Stockholm-Syndrom bezeichnet. Opfer von Kidnapping, Entführungen, Lösegelderpressung, Geiselnahmen bei Bankräubern entwickeln gelegentlich aufgrund spezieller psychologischer Vorgänge eine spezielle Art der Achtung und Zuneigung zu den Tätern. Entführungsopfer haben sich in die Entführer verliebt und sich dann mit ihnen voll solidarisiert. Aber auch ideologische Ziele oder gar religiöse Vorstellungen von Gewalttätern scheinen Attraktivität zu entfalten. Manche Entführungsopfer gingen soweit, Mittäter oder gar Haupttäter in den kriminellen Gruppierungen zu werden, die für ihre Entführung verantwortlich zeichneten. Verständlich wäre derlei vielleicht noch für die Dauer der Entführungssituation – da mag attraktiv erscheinen, sich quasi auf die Seite des Stärkeren zu schlagen. Als Erklärung genügt dies nicht, da der Effekt, wenn er einmal auftritt, mitunter viel länger anhält.

Wer in seiner Familie aufgehoben ist, braucht keine Ersatzfamilie. Besonders wer integriert und arriviert ist und von Vereinen mit legaler Zielsetzung umworben wird, neigt weniger dazu, sich um Aufnahme in eine Street-Gang zu bewerben. Ausgeschlossen ist derlei allerdings nicht: Herkömmliches Aufgehobensein kann Ausmaße erreichen, die zum Ausbruch förmlich einladen. Weiter befriedigen die meisten legalen Gruppierungen Wünsche nach Respekt, Macht, Furcht der Umgebung diskret und beschränkt.

Wer ausbrechen oder wegen seiner Macht respektiert werden will, wird bei aller Integration zumindest in der Jugend Gruppierungen den Vorzug geben, welche diese Wünsche in nicht immer legaler Weise befriedigen können: Davon lebten und leben Jugendbünde. Und wenn er älter wird und der Wunsch nach Macht nicht abklingt? Dann mag er Unter- oder Halbweltsgruppierungen den Vorzug geben.

Abschottung und enger Zusammenhalt einer Gruppierung lassen regelmäßig einen Normenkodex, eine spezielle Ethik entstehen. Gegenstück der Ethik der Oberwelt bildet in den beiden anderen

Welten die Ganovenehre beziehungsweise Halbweltehre. Letztere steht wie immer zwischen den Fronten: Sie steht der Ganovenehre ebenso nahe, wie sie den Solidaritätsgrundsätzen nahe steht, welche in Studentenverbindungen, legalen Biker-Organisationen, Clubs wie Rotary, Lions oder Kiwanis gelten.

Worin besteht denn nun die Ganovenehre? Einen eigentlichen Kodex gibt es nicht. Höchstens verbinden sich manchmal einige Versatzstücke zu einer Art von Charta, wie die sizilianische Mafia sie besitzt. Doch zeigt der Vergleich von verschiedenen Unterwelt- und Halbweltgruppierungen, dass die Elemente überall etwa die gleichen sind. Solche Elemente der Ganovenehre werden mitunter bei der rituellen Aufnahme in Halbwelt- und Unterweltorganisationen beschworen und dem neuen Mitglied mit halb magischen, halb religiösen Ritualen «eingebrannt». So soll dem Neuling demonstriert werden, wie ernst es die betreffende Organisation nimmt. Solcherart ernst zu nehmende Elemente der Ganovenehre sind:

- *Verschwiegenheit gegenüber den Behörden* und Ablehnung jeglicher Zusammenarbeit mit Justizbehörden, bei der Mafia als *omerta* bezeichnet. Das Schweigegebot gilt in erster Linie für die eigene Tätigkeit oder die anderer in der Organisation. Darüber hinaus befiehlt es aber auch, dass man Außenstehende nicht verrät oder sich sonst wie in Angelegenheiten einmischt, die einen nichts angehen, etwa in Händel zwischen Außenstehenden – es sei denn, derlei diene der eigenen Organisation; ihre Interessen gehen vor.

  Zusammenarbeit mit der Justiz kommt nur in Frage, wenn sie niemandem schaden kann, den das Verbot schützen will. Sieht man sich an, wie oft die Justiz auf Kronzeugen abstellen kann, fragt man sich zwangsläufig, ob das Verbot hohen Respekt genießt. Der Kronzeuge kommt je nach Gesetzgebung mit einer geringeren Strafe weg oder geht gar straffrei aus und genießt ein maßlos übersetztes Vertrauen der Behörden. Nur wenige Gesetze dürften so viele Falschaussagen produziert haben wie jene zu Behandlung und vor allem Honorierung von Kronzeugen. Ein Beispiel liefert Paragraph 31 des deutschen Betäubungsmittelgesetzes: Hier wird belohnt, wer andere verrät. Er profitiert, unabhängig davon, ob seine Aussagen wahr sind oder nicht. Lügt er, so riskiert er so gut wie nichts, denn eine Verfolgung wegen falscher Anschuldigung erfolgt äußerst selten. Die Justiz vermeidet alles, was aussagefreudige Personen bremsen könnte. Wo immer auf Kronzeugen abgestellt wird, wird ein zentraler Punkt übersehen: Als Kronzeugen wird man zwangsläufig immer einen Gangster vor sich haben, der sich über die Ethik der Unterwelt hinweggesetzt. Woher nimmt man in diesem Fall die Gewissheit, dass er die Ethik der Oberwelt, insbesondere das Verbot der falschen Aussage respektiert? Der echt unethische Gangster wird seine Position nicht ausschließlich mit wahrheitsgemäßen Aussagen verbessern. Er wird auch nicht davor zurückschrecken, Unwahres zu erzählen, falls es ihm Vorteile bringt.

- *Verbot, sich innerhalb der Organisation anzulügen,* beziehungsweise Gebot der Ehrlichkeit innerhalb der Organisation. Wir stehen vor dem Gegenstück zum Ehrlichkeitsgebot in der legalen Gesellschaft. Nach außen mag die Gruppe mit Urkundenfälschung und anderen Delikten, die auf Unwahrheiten beruhen, in Erscheinung treten, aber innerhalb der Gruppe ist man ehrlich, weil alles andere Schaden anrichten kann. Solche Ehrlichkeit wird aber nicht bloß aus kaltem Kalkül hochgehalten, sondern wird oft zu einem Kult. Viele erleben ihre Umgebung als zutiefst unehrlich und sehnen sich danach, in einer Gemeinschaft integriert zu sein, in welcher alle offen und ehrlich sind.
- *Vertragstreue innerhalb der Gruppe.* Verträge zwischen Mitgliedern sind unter allen Umständen einzuhalten. Auch unter vier Augen Vereinbartes gilt. Für solche Vertragstreue sorgt unter anderem die Gefahr, die jeder schriftlichen Fixierung von Absprachen über Verbotenes innewohnt; das Dokument könnte in die falschen Hände geraten. Idealisierung wäre allerdings auch hier fehl am Platz: Geht es um wirklich Wichtiges, sorgt man sehr wohl für Beweismaterial in Form von Zeugen. Selbstständige

Geschäftstätigkeit der Mitglieder ist erlaubt, sofern diese Geschäfte mit den Interessen der Organisation vereinbar sind. Weil das teilweise weltweite Beziehungsnetz auch von untergeordneten Mitgliedern der Organisation genutzt werden darf, können mitunter Leute aus dem Fußvolk zu enormem Wohlstand gelangen Ein besonders gutes Beispiel liefert der bekannte Mafioso und spätere Pentito Thomaso Buscetta, der durch Drogenschmuggel reich geworden ist zu einer Zeit, in der die sizilianische Mafia, der er angehörte, selbst nicht auf diesem Gebiet tätig war, es ihren Mitgliedern aber erlaubte. (Allerdings ließ dieser Reichtum ihn in der Hierarchie nie aufsteigen.)

- *Keine Delikte innerhalb der Gemeinschaft.* Ausgenommen sind Strafaktionen, welche die Gemeinschaft beschlossen hat. Die Norm verbietet, sich gegenseitig zu betrügen oder zu bestehlen, weil daraus interne Auseinandersetzungen resultieren würden.
- *Solidarität mit Gestrauchelten.* Geraten Mitglieder der Gruppierung in ein Justizverfahren und landen sie im Gefängnis, fordert die Ganovenehre, dass sie unterstützt werden, dass für ihre Familien gesorgt wird, dass sie sich nicht Sorgen um ihre Existenz nach Verfahren und Strafe machen müssen. Die gegenseitige Solidarität und die Hilfe in Notsituationen ist ein typisches Element zumindest von auf Dauer angelegten Halbwelt- und Unterweltgruppierungen. Je stärker sich die Gruppierung von der normalen Gesellschaft abgrenzt, desto eher ist sie auf interne Solidarität angewiesen. Muss jedes Mitglied beim geringsten Straucheln damit rechnen, alleingelassen zu werden, wird die Gruppe bald einmal Nachwuchssorgen haben, denn jeder wird sich fragen, warum er Gewinne teilen und Risiken allein tragen soll. Auch die Gruppe und der Gangster mit Personal haben einen Ruf als soziale Arbeitgeber zu verlieren. In der Praxis ist es allerdings um diese Form der Solidarität in der Gruppe eher schlecht bestellt. Die Mehrzahl der bei uns aktiven Gruppen ist nicht auf eine lange Lebensdauer angelegt, und es schadet darum nicht groß, wenn einer mit allen Folgen alleingelassen wird.

- *Respektieren der Sexualpartner anderer Mitglieder der Gemeinschaft.* Egal wie liberal und freizügig sich eine Gruppe in Sachen Sex geben mag, innerhalb der Gruppe gelten meist erzbürgerliche Regeln. Sexualpartner der anderen Mitglieder sind tabu, sexuelle Beziehungen der anderen Mitglieder sind bedingungslos zu respektieren. Denn alles andere könnte zu internen Problemen führen und die Gruppe schwächen. Wer sich an der Frau oder Freundin eines anderen Mitgliedes vergreift, muss je nach Organisation mit recht drastischen Strafen rechnen.
  Manche Halbwelt- und Unterweltgruppierungen gehen noch wesentlich weiter und erheben auch Respekt gegenüber der eigenen Ehefrau und der eigenen Familie zu einem sine qua non. So fiel Thomaso Buscetta bei der sizilianischen Mafia in Ungnade, weil seine Auftritte in Begleitung diverser Freundinnen Respektlosigkeit gegenüber der eigenen Familie signalisierten. Diskretes außereheliches Sexualverhalten wäre toleriert worden – wie in der etablierten bürgerlichen Gemeinschaft auch: Schaden kann nur anrichten, was bekannt wird. Warum so viel Sorge um eine anständige Behandlung der Familie? Familienangehörige, vor allem aber Ehefrauen, bekommen vieles mit, dessen Weitergabe an Behörden oder Konkurrenz nicht nur einem fehlbaren Familienmitglied, sondern der Organisation als Ganzer schaden könnte. Eheliche Korrektheit als Norm verringert die Gefahr, dass einer hinreichend brüskierten Ehefrau alles egal ist und sie Ehemann und Organisation gleichermaßen dreinlaufen lässt.
- *Keine Einschaltung der Justiz für Auseinandersetzungen unter Mitgliedern* – oder sogar für Auseinandersetzungen von Mitgliedern mit Dritten. Das Risiko, dass Informationen an die «falsche» Stelle gelangen, ist zu groß. Die Ganovenehre erlaubt grundsätzlich nur die Einschaltung einer organisationsinternen Instanz, die Schlichtungsbehörde und Gericht in einem ist. Allerdings weicht der Gang zur internen Instanz zunehmend dem Gang zu staatlichen Behörden. So können Personen, die ge-

schäftlich tätig sind, innerhalb ihrer legalen Geschäftstätigkeit die Justiz in Anspruch nehmen – und müssen dies tun können: Doch vor staatliche Gerichte gehört nur, was mit legalen Aktivitäten zu tun hat.

- *Gehorsam* spielt in der Ganovenehre hierarchisch konzipierter Organisationen stets eine große Rolle – und hierarchisch konzipiert sind die Organisationen fast immer. Gehorsam wird dem jeweils Nächsthöheren geschuldet. Denn tut der Untergebene nicht, was sein Vorgesetzter befiehlt, so funktioniert nichts. Eigeninitiative und Ratschläge mögen durchaus willkommen sein, aber nur innerhalb des Gehorsams. Natürlich fragt man sich allgemein, was am Gehorsam anziehend sein soll, und speziell, was daran Personen anziehen soll, die sich mit Autoritäten schwer tun.
  Schauen wir uns solche Leute genauer an, so stellen wir fest, dass sie sich meist bloß mit angestammten Autoritäten der legalen Welt schwer tun. Sie mögen alles getan haben, um im Militärdienst einem Unteroffizier nicht gehorchen zu müssen, sie mögen jeden Lehrer zur Weißglut gebracht haben, aber sie haben keine Mühe, ihrem Chef in einer bündischen oder Halbwelt- oder Unterweltorganisation beinahe blind zu folgen. Dafür sorgt ihre Sehnsucht nach Autorität und geordneten Befehlsstrukturen. Diese Sehnsucht lässt sich auch in der legalen Welt befriedigen, wie viele religiöse, halbreligiöse, politischen Gruppierungen deutlich machen. Hier wie dort ist der Gehorsam ein gefährliches Instrument. Er macht eine Organisation schlagkräftig, er macht ihre Oberen mächtig, er dispensiert ihre Unteren vom Selbstdenken, und er tut dies alles im Guten wie im Bösen.
- *Gewaltbereitschaft/Deliktbereitschaft.* Eng mit der Pflicht zum Gehorsam ist in der Ganovenehre die Pflicht zur Gewaltbereitschaft beziehungsweise Deliktsbereitschaft verbunden. Gehorsam ist auch gefordert, wo er staatliche Gesetze verletzt. Organisationen, die diesen Grundsatz konsequent durchziehen, werden besonders gefährlich. Konsequentes Durchziehen steht allerdings für viel mehr als für Kommandieren und Bestrafen. Es setzt

entsprechende Finanzflüsse voraus. Untergebene einer Organisation werden sich nicht für Delikte hergeben, wenn sie dabei nicht auf ihre Rechnung kommen, wobei sie meist finanziell auf ihre Rechnung kommen wollen,

Der geschickte Gangsterboss wird deshalb sehr viel Gewicht darauf legen, seine «Unterhunde» finanziell wie in anderer Hinsicht – etwa durch Lob, Privilegien und so weiter – zu belohnen, um sie bei der Stange zu halten. Er dosiert auch die Aussicht auf einen Aufstieg seiner Mobster optimal. Wie schon beim Gehorsam fragt man sich auch hier erst einmal, worin der Reiz bei Gewalt- und Deliktbereitschaft bestehen soll. Auch hier werden Defizite gefüllt.

Ein altes, aber hervorragendes Beispiel dafür, wie man mit Hilfe der eben skizzierten Grundregeln eine kleine und ebenso aggressive wie bedrohte Gruppe zusammenhält und zum Erfolg führt, bietet Dschingis Khan – falls man anstelle von Film-Klischees den Realpolitiker und seine Zeitgenossen zu Wort kommen lässt. Das Beispiel zeigt auch, wie der Erfolg aus Illegalität Legalität, aus Ganovenehre Oberweltehre machen kann und wie viel die beiden Formen gemein haben, denn für seine Nachbarn war Dschingis Khan lange Zeit nichts anderes als der Chef einer kriminellen Organisation. Das hinderte allerdings nicht, dass man dem Zusammenhalt seiner Leute immer Respekt zollte.

So schrieb ein muslimischer Chronist in Persien: «Dschingis Khan übte in seinem Lager eine strenge Gerechtigkeit aus. Niemand wagte, eine zu Boden gefallene Reitpeitsche aufzuheben außer dem Eigentümer. Nie hörte man von einer Lüge oder gar von Diebstahl. Kein mongolischer Krieger warf sein Auge auf die Ehefrau eines anderen; gefiel ihm die Frau sehr, so erschlug er lieber den Ehemann, nur um keinen Ehebruch zu begehen ...» Der Khan hätte an der beschriebenen Form des Respekts vor der Ehe mit Sicherheit keine Freude gehabt.

Wie viel hat die Ganovenehre, hat das gelegentlich bis zum Kitsch verklärte Bild der Halbwelt- oder Unterweltfamilie mit der

Realität zu tun? Es gibt Organisationen, welche die eben zusammengestellten Grundsätze hochhalten und Verstöße hart bestrafen. Bei ihnen werden die Spielregeln eingehalten, was sie besonders schlagkräftig und im Sinne der staatlichen Gesetzgebung gefährlich macht. Von diesen Sonderfällen mal abgesehen, machen sich Halb-, Unter- und Oberweltler gleichermaßen Illusionen.

Solange das Zusammenhalten dem Einzelnen nützt, wird der Halb- oder Unterweltler die Regeln befolgen – was keine sonderlich große Leistung darstellt. Sobald egoistische Interessen den Interessen der Ganovengemeinschaft diametral zuwiderlaufen, gibt es häufig Abtrünnige. Ausgerechnet derjenige, der sich auf die Solidarität der anderen verlässt und zum Beispiel in einer Strafuntersuchung lange schweigt, wird sich am Schluss häufig als Vollidiot vorkommen. Die anderen haben ihn bedenkenlos in die Pfanne gehauen und seine Richtigstellungen kommen zu spät, um den Schaden zu beheben. Auch mit der Solidarität gegenüber Gestrauchelten ist es oft nicht weit her. Da verteilt man Vermögen, Revier, Frauen eines Verhafteten so schnell wie möglich, denn wer weiß – vielleicht steht er plötzlich wieder da und stört bei der Verteilung seines «Nachlasses». Die Behörden haben meist keine Mühe, so genannte Reumütige als Kronzeugen zu finden, denn zu verlockend ist der Köder der stark verminderten Strafe oder gar der Straffreiheit.

Regelwerk als Zielvorstellung

Was wir über Zusammenhalt, Ersatzfamilie, Gruppierungen und Organisationen bündischer Art festgehalten haben, hängt engstens mit einem Anreiz zusammen, der vielleicht überraschen mag, nämlich dem *Comment*. An sich könnte man vermuten, dass Unter- und Halbweltler generell etwas gegen Regelsysteme, «Leitplanken» und so weiter hätten. Immerhin brechen sie aus dem Regelwerk der legalen Welt aus. Aber die Praxis zeigt das Gegenteil und beweist: Regeln und Rahmen, die die Bewegungsfreiheit einschränken und das Zusammenleben bis ins Details ordnen, sind den meisten Menschen ein Grundbedürfnis, egal in welcher der drei Welten sie leben.

Bereits Kinder suchen den Halt, den solche Rahmen bieten. Sie mögen alles tun, um elterlichen Befehlen nicht gehorchen zu müssen, aber sie rasten aus, wenn der Spielgefährte die auf den Asphalt gezeichnete Grenzlinie überschreitet oder im Sandkasten das rosa Kuchenförmchen nicht herausrückt. Jegliche Jugendgruppierung, egal wie antiautoritär, gar staatskritisch oder anarchistisch sie sich sieht, hat ihre Regeln, die desto strikter zu respektieren sind, je weiter man von der staatlichen Gesetzgebung und der normalen Familie entfernt ist.

Pfadfinder haben ihren Kodex. Bei antiautoritären Wohngemeinschaften und Studentengemeinschaften in den Siebzigerjahren des letzten Jahrhunderts galt nicht einmal für den Menu-Plan die Freiheit des Einzelnen. Ich erinnere mich, dass Sit-ins und antiautoritäre Diskussionen regelmäßig von Spaghetti mit Rotwein begleitet waren, was einem wegen der vielen Sit-ins und Diskussionen zumindest die Spaghetti bald einmal verleidete. Aber wehe dem, der etwas anderes vorschlug. Zünfte, Karnevalsvereine, Vereinigungen wie Freimaurer oder Biker-Organisationen verfügen über ein umfassendes Regelwerk. Studentenverbindungen haben ihren Comment, religiöse Jungendgruppen und Erwachsenengruppen erst recht.

In der Religion tritt das Bedürfnis des Menschen nach einem Regelwerk besonders klar zutage. Jeder Ritus – auch der rätelhafte – vermittelt den Eindruck von Aufgehobensein in der Gemeinschaft. Mit rituellem Regelwerk arbeiten darum nicht nur die großen Religionen, sondern auch Kleinkirchen, Sekten und so weiter.

Unser Bedürfnis nach festen Regeln lässt sich sogar dort beobachten, wo es um Unterhaltung geht. Erfolgreiche Quiz-Sendungen und Fernsehserien müssen immer nach dem gleichen Schema ablaufen. Wird das vertraute Grundmuster verletzt, reagieren die Zuschauer erst mal mit Unmut. Dann wandern sie ab, und die Macht der Einschaltquote sorgt für die Bestrafung der Produzenten. Der amerikanische Schauspieler Peter Falk trug in seiner Rolle als Detektiv Columbo nicht grundlos den ewig gleichen zerknautschten Mantel und hielt sich bei seinem schlauen Nachfragen ebenso eisern an etablierte Spielregeln wie Monk mit seinen neurotischen Allüren und genialen Durchblicken oder der «Bulle von Tölz» mit seinem urbayrischen und doch leicht antiautoritären Auftreten.

Wir sind auf eine Tageszeitung eingeschworen und erwarten von ihr, dass sie bestimmte Kommentare oder Inserate immer auf den gleichen Seiten der gleichen Bünde liefert. Das Wetter, der Sport, die Aktienkurse müssen sich auf den ersten Griff aufschlagen lassen. Eine Zeitung, die ihr äußeres Erscheinungsbild völlig neu konzipiert, läuft Gefahr, einen Teil ihrer Stammkunden zu verlieren, egal wie brillant die neue Version sein mag. Ladenketten tun gut daran, das Sortiment in allen Filialen etwa gleich zu präsentieren, denn wir schätzen das. Hingegen schätzen wir nicht, wenn «unsere» Selbstbedienungsläden alle paar Monate aufgrund neuester Marktanalysen das Sortiment völlig neu präsentieren oder gar wechseln.

Beim Militär ist man sich der zusammenhaltenden Kraft des Regelwerks bewusst wie in kaum einer anderen Organisation. Es geht weit über alles hinaus, was die überlebensnotwendige Befehlsgewalt verlangen würde. Es ist auf ein Gemeinschaftsgefühl zugeschnitten, das entsteht, wenn so gut wie nichts mehr dem Einzelnen überlassen wird.

In die gleiche Richtung gehen große japanische Firmen, in denen etwa am Morgen gemeinsam die Firmenhymne gesungen wird. Ganz ohne gemeinschaftsfördernde Abläufe kommt kein Unternehmen aus. Zur Wahl steht nur der Bereich zwischen relativ lockeren gemeinschaftsfördernden Abläufen in hierarchisch flachen Unternehmen und striktester ritusartiger Einbindung. Und was Regierungen alles anstellen, um ihre Untertanen zu einer Gemeinschaft – einer fügsamen natürlich – zusammenzuschweißen, kann man jeden Tag den Tageszeitung entnehmen.

Was hat das mit unserem Thema zu tun? Bei sehr vielen Personen, die sich der Unterwelt und Halbwelt anschließen, ist ein Manko an oberweltlichem oder familiärem Regelwerk zu beobachten. Die wenigsten von denen, die auch deshalb in einer Unterwelt- oder Halbweltkarriere gelandet sind, realisieren es, bis sie – meist lange nach dem Gesprächspartner – im Gespräch über Lebenslauf, familiäre Verhältnisse, Schule, Herausfallen aus der Arbeitswelt darauf kommen, dass sie auch oder vor allem Anschluss und Anerkennung gesucht hätten.

Wo eine Nachfrage ist, ist ein Angebot: Die Strukturen, welche das Gefühl der Angehörigkeit anbieten, sind zahllos. Das Angebot spannt sich schon innerhalb einer Sparte vom Legalen übers Fragwürdige bis zum klar Illegalen.

Biker-Clubs beispielsweise tun meist nicht mehr als Motorräder der gleichen Marke fahren, aber sie kostümieren sich gleich – und auffallend, sie tragen die gleichen Abzeichen, pflegen eine betont ruppige Sprache und betont herrische Gestik und treten mit Vorliebe als geballte Ladung auf. Nichts davon ist verboten. Meist verschafft bereits diese rundum legale Ersatzheimat den Mitgliedern, was sie in ihrem übrigen Leben vermissen.

Nur ein kleiner Teil der Mitglieder und ein kleiner Teil der Clubs geht weiter und ist schließlich der Halb- oder Unterwelt zuzurechnen. Dort werden Auftreten und Comment härter, wird Gewalttätigkeit häufiger. Der Ruf dieser Minderheit bestimmt das Bild der Öffentlichkeit vom typischen Bikerclub weit über Gebühr und sorgt in verschiedener Hinsicht für Probleme. So richten sich immer wieder Personen aus der Halbwelt und Unterwelt im Dunstkreis einer «braven» Biker-Organisation ein und berufen sich gegenüber Außenstehenden auf deren Schutz, obschon die Organisation das nicht wünscht oder unter Umständen nicht einmal davon erfährt. Derlei erinnert an Spielplatzgespräche à la: «Ich habe einen großen Bruder, und der kommt und verhaut dich, wenn du böse zu mir bist.»

Die Drohung kann auch dann wirken, wenn der große Bruder schon längst weggezogen ist oder nicht im Traum dran denkt, sich in die Auseinandersetzungen des kleinen Bruders einzumischen. Sie kann sogar dann wirken, wenn es den großen Bruder überhaupt nicht gibt. Erfährt die Biker-Organisation nichts vom dem ihr angedichteten Patronat, oder erfährt sie es zwar, findet die Sache aber nicht der Richtigstellung wert, so reicht der Klatsch bloß die Storys ihres selbsternannten Schützlings weiter – und das kann ebenso ins Auge gehen wie die früher besprochene Freude an einem schlechteren Ruf, als man ihn verdienen würde.

Viele Straßenjungengruppen treffen sich lediglich, um auf den gleichen Plätzen und in den gleichen Kneipen herumzuhängen, Sprüche zu klopfen, ihre Rangordnung immer neu auszumarchen, Alterskolleginnen anzumachen und so weiter – nach Spielregeln, die von den richtigen Tennisschuhen bis zu den richtigen Ausdrücken alles bestimmen.

Wieder geht nur ein kleiner Teil der Gruppen und Mitglieder weiter, entstehen Jugendbanden und kommt es zu Straftaten, wobei wieder mit dem Gewicht des Fehlverhaltens auch das Gewicht des Comments zunimmt. Sportfanclubs decken das gleiche breite Spektrum ab und können den gleichen Weg gehen von der uniformierten und ohrenbetäubenden Legalität bis zur uniformierten Schlägergruppe, die zur Betäubung die Fäuste einsetzt.

Nach sehr vielen Gemeinsamkeiten der drei Welten bleibt jetzt noch ein Unterschied zu erwähnen: Regelwerke von Halbwelt- oder Unterwelt-Gruppierungen verzichten im Gegensatz zur staatlichen Gesetzgebung meist auf Unnötiges. Der Comment einer kriminellen Organisation wird sich nie zu einer Loseblattsammlung entwickeln, die Tausende von Seiten umfasst und periodisch mit ein paar hundert weiteren Seiten mehr auf den neusten Stand gebracht werden muss. Das System muss einfach, einleuchtend und überschaubar bleiben, weil es nur so durchsetzbar bleibt.

Eine ähnliche Reduktion auf einfache Kategorien demonstrieren auch attraktive Gruppierungen der Oberwelt. Als Beispiel kann die Hip-Hop-Szene dienen. Nur noch ganz wenige Typen bevölkern diese Szene, auf der Männerseite der Gangsta und der Pimp, auf der Frauenseite die Queen und die Schlampe. Und die maßgeblichen Verhaltensregeln sind genauso übertrieben simpel. Gar so weit müssten staatliche Gesetzgebungen nicht gehen, aber etwas Annäherung ans Ziel der einfachen, übersichtlichen und verständlichen Regelung würde nicht schaden. Ob die Bemühungen, in der EU zahllose Richtlinien durch einen Basisvertrag zu ersetzen, eine Trendwende signalisieren? Schön wär's.

Neidbefriedigung als Zielanreiz

Neid und seine Befriedigung spielen in der Gesellschaft eine weit größere Rolle, als man das wahrhaben will. Vielleicht liegt es daran, dass die Kirche dem Neid den Rang einer Todsünde verliehen hat und man darum nichts Gutes von ihm erwartet. Jedenfalls ist Neid bis heute nicht einmal dann *comme il faut,* wenn seine Befriedigung ausschließlich Erfreuliches bewirkt. Man übersieht eisern, dass er zumindest in der einen seiner beiden Erscheinungsformen Gutes bewirken kann. Denn er kommt in zwei Grundformen vor, die sich sehr einfach umschreiben lassen:

- Ich will auch haben, was der andere hat.
- Ich will, dass der andere das, was er jetzt hat, nicht mehr hat.

Formuliert man die erste Grundform leicht anders, lautet sie: «Ich will auch erreichen, was der andere erreicht hat.» Es wird klar, dass Neid in der Gesellschaft und insbesondere in der Wirtschaft eine sehr sinnvolle Funktion erfüllt. Neid auf Wohlstand anderer, auf sehr hohe Einkommen für Leute an der Spitze, auf das höhere Gehalt des besser ausgebildeten Berufskollegen, auf den Sieg des Sportkollegen oder ganz einfach auf das Auto des Nachbarn kann dafür sorgen, dass der Neidische sich vermehrt anstrengt, sich aus- oder weiterbildet, trainiert und so weiter – lauter der Gesellschaft hoch willkommene Reaktionen.

Die zweite Grundform kann man modifizieren, wie man will, sie richtet im Zweifel nur Schaden an. Am besten gedeiht sie auf dem Gefühl, es gehe einem unverdient schlecht oder einem anderen unverdient gut. Sie steht für Frust, Wut und Willen zur Zerstörung. Oft genug verlangt und kriegt der Neidische nichts vom Weggenommenen. Die Befriedigung, dass der Erfolgreiche es nun nicht mehr hat oder dass es zerstört ist, muss ihm genügen – und sie genügt ihm.

Schaut man sich den Schaden an, den diese Form des Neides anrichtet, thront sie zu Recht im Kreis der Todsünden. Die Politiker des Dritten Reiches setzten sie mit durchschlagendem Erfolg gegen die Juden ein, und die aufgehetzten Massen befürworteten schließlich den Völkermord.

Pogrome rund um die Welt sind sehr oft neidgesteuert. Der Erfolgreiche, sei er Europäer, Inder oder Chinese, lebt in weiten Teilen Afrikas und Asiens gefährlich. Sogar Geschenke können Neid hervorrufen. Denn nach allgemeiner Ansicht vermelden sie, dass der Schenkende sich derlei leisten könne – auch wenn es vielleicht nicht stimmt: Dem gleichen Zweck wie das Goldene Dacherl in Innsbruck dient manche Groszügigkeit in Wirtschaft und Politik. Sie spricht sich herum, alle staunen, und die Kreditwürdigkeit des Schenkenden nimmt zu.

Dass der Neid des Beschenkten über seine Freude weit hinausgehen kann, wird vor allem in der Entwicklungshilfe oft übersehen. Dann erzeugen Entwicklungsgelder auch oder vor allem Wut darüber, wie gut es den Helfern offensichtlich geht. Kaum ein anderer Mechanismus lässt sich politisch so leicht missbrauchen und kaum eine andere Triebfeder in unserer Gesellschaft kann bei Einzelnen oder Gemeinschaften so viel Zerstörungswut auslösen wie der Neid. Er kann sogar dafür sorgen, dass der Neidische seine eigenen wirtschaftlichen Grundlagen zerstört, um den Beneideten um seinen Wohlstand zu bringen. So fiel in manchen Entwicklungsländern die koloniale Infrastruktur dem Kampf gegen die Kolonialherren zum Opfer, obschon jedem klar sein musste, wie sehr man nach der Befreiung auf Produktionsanlagen, Straßennetz und so weiter angewiesen sein würde.

Gilt für Halbwelt und Unterwelt irgendetwas Besonderes in Sachen Neid?

Auffallen muss, dass in der Halbwelt vor allem die erste Grundform auftritt: Man sieht, was andere erreicht haben, und will an den gleichen Punkt kommen. Die Frau, die sich zur Prostitution entscheidet, weil Bekannte so arbeiten und mit Symbolen des Wohlstandes auftreten, will normalerweise ihren Konkurrentinnen – außer vielleicht Freier – nichts wegnehmen. Auch der Einsteiger, der einen Club eröffnet, will anderen Clubbesitzern in der Regel höchstens deren Kunden abspenstig machen.

Aber es gibt auch die zweite Variante: Eine Prostituierte zeigt die andere an, um deren Straßenstück zu kriegen. Besitzer von Erotik-Etablissements und Clubs schikanieren ihre Konkurrenten, veranlassen Buttersäure-Anschläge oder gar Brandanschläge. Ziel solcher Anschläge sind praktisch immer erfolgreichere Halbwelt-Unternehmer. Oft profitiert der Täter beziehungsweise Auftraggeber höchstens mit einem Gefühl von Genugtuung.

In der Unterwelt hingegen dominiert die zweite Grundform des Neides, das Wegnehmen. Neue Werte werden hier selten geschaffen. Natürlich wird jeder Befragte den etwas positiveren Aspekt in den Vordergrund rücken und nur den eigenen Gewinn als Ziel nennen. Denn die Schädigung des anderen als alleiniges oder primäres Ziel macht sich nicht gut. Oft hat der Auskunftgeber sogar recht: Viele Delikte sind ganz einfach auf eigenen ökonomischen Erfolg gerichtet. Wem der Täter zu diesem Zweck etwas wegnimmt, ist für ihn ebenso unwichtig wie die Gefühle des Bestohlenen. Aber öfters, als dem Täter bewusst ist, spielt auch die Befriedigung, dem anderen etwas weggenommen zu haben, eine Rolle. Und gelegentlich übernimmt das Bedürfnis nach dieser Befriedigung die Führung: So kommt es immer wieder vor, dass ein Einbrecher, dessen Beute unter den Erwartungen liegt, zum Vandalen wird und das ihm nicht Dienliche zerstört. Bezeichnenderweise neigt der Unterwelt-Profi weit weniger zu solchen Reaktionen als der «Amateur». Er macht seinen Job, er leistet sich den Luxus von Emotionen nicht, die außer Risiken nichts bringen.

Sex/sexuelle Befriedigung

Sex und sexuelle Befriedigung wirken direkt und indirekt als Anreiz. Sex als direkter Anreiz steuert alle Handlungen in der legalen Welt, die darauf abzielen, einen Sexualpartner für sich zu gewinnen und diesen zu sexuellen Aktivitäten zu bringen. (Es ist immer wieder erstaunlich, wie trocken-grau an sich farbige Sachverhalte in juristischem Deutsch umschrieben werden können.) Für Sex beziehungsweise sexuelle Befriedigung und dank ihnen existiert der Halbweltmarkt mit seinen Angeboten erotischer Dienstleistungen. Direkte sexuelle Befriedigung kann auch Zielvorstellung bei Delikten sein. Das gilt vor allem für die eigentlichen Sexualdelikte wie sexuelle Belästigung, Nötigung, Vergewaltigung.

Die Grenzen zwischen Erlaubtem und nicht mehr Erlaubtem sind nicht durchwegs klar. Das reizt vor allem Jugendliche. Übergriffe gegenüber gleichaltrigen oder jüngeren möglichen Sexualpartnern, gelegentlich auch erfundene Übergriffe, bilden immer häufiger Gegenstand von Strafverfahren. Nehmen sie wirklich zu, oder nimmt nur der Wunsch zu ermitteln zu? Eine Zeitlang waren nur die erste Erklärung und die Klage über die verdorbene Jugend salonfähig. Heute stellen wenigstens Einzelne diese einseitige Sicht in Frage. Auch Erwachsene sind gegen Dummheiten nicht gefeit, wenn es um den Reiz des Grenzenabtastens oder Grenzenüberschreitens im sexuellen Bereich geht. Der Chef versucht seiner Sekretärin immer näher zu kommen, der Nachtschwärmer probiert aus, wie viel die von ihm angemachte Frau toleriert und so weiter.

Wo die sexuelle Befriedigung zur fixen Idee wird, welche Überlegungen zu anderen Anreizen und insbesondere zu negativen Anreizen praktisch ausschließt, verlassen wir den Bereich der Normalität. Aber nicht jeder pathologische sexuelle Wunsch endet mit einem Delikt. Viele pathologische Wünsche lassen sich in der legalen Welt ausleben, sei es einverständlich mit einer Partnerin oder einem Partner, sei es ebenso einverständlich mit einer Person, die entsprechende Dienstleistungen anbietet. Vergewaltigungsphantasien sind so häufig wie Untreuephantasien. Aber verglichen mit den vielen, die ihre Untreuephantasien realisieren, gehen nur wenige über phantasierte Vergewaltigungen hinaus. Sie bleiben in der Regel Phantasie, weil der potenzielle Täter auf die negativen Anreize der Gesetzgebung und seiner Umwelt rational reagieren kann. Allenfalls lebt er seine

Phantasien im Bordell aus, soweit entsprechende erotische Dienstleistungen angeboten werden.

Diese reichen zwar recht weit ins Abwegige, aber sie haben ihre Grenzen. So reagierte ein Lustmörder auf meine Frage, warum er seine Vergewaltigungsphantasien nicht in einem Puff einverständlich ausgelebt habe, ohne jedes Überlegen mit der Antwort: «Echte Angst riecht anders.» Im Normalfall wird der Vergewaltigungsphantast auch dann nicht zum Straftäter, wenn er keine legale Ersatzlösung findet, sondern begnügt sich mit gedachten Taten. Nur sehr wenige gehen weiter und beschäftigen dann Justiz und Psychiatrie.

Sex als direkte Triebfeder für Delinquenz ist wesentlich häufiger bei Männern anzutreffen als bei Frauen. Man kann sie mit Tradition, heutigen gesellschaftlichen Verhältnissen oder Rollenbildern zu erklären versuchen. Man kann Biologie und Verhaltensforschung zu Hilfe nehmen. Was von all den angebotenen Erklärungen zutrifft, kann dahingestellt bleiben. Tatsache bleiben die statistischen Daten.

Auch als Nebenprodukt bildet Sex einen Anreiz. Erfolg, Macht, Glamour machen sexy. Jeder neue Erfolg, jede Machtzunahme, jeder verstärkte Glanz lässt die Erfolgsaussichten des Betreffenden im Werben um Sexualpartner steigen. Und der Betreffende ist in der Lage, Hindernisse anderer Art zu kompensieren. Der Ölmagnat wird auch dann umworben werden, wenn er eine schiefe Nase hat und hinkt. Die Steigerung der eigenen sexuellen Attraktivität spielt immer mit und kann sogar zum bestimmenden Zielanreiz für die Jagd nach Erfolg werden, sei es in der Oberwelt oder den beiden anderen Welten. Sex als Nebenprodukt des Erfolges beziehungsweise die erhöhte Attraktivität gegenüber möglichen Sexualpartnern dürfte bei Männern und Frauen etwa den gleichen Stellenwert haben. Frauen dürften es genauso wie Männer schätzen, aufgrund ihres Erfolges umschwärmt zu werden. Dass es der Schwärmer und des Schwärmens zuviel werden kann, steht dann ebenso auf einem anderen Blatt, wie die Anzeige wegen *Stalking*, deren Vorgeschichte als Freude übers Beachtetwerden begann.

Unterwelt und Halbwelt neigen tendenziell weniger als die Oberwelt dazu, den Zusammenhang zwischen Erfolg und Sex herunterzuspielen. Man nennt hier die Dinge eher beim Namen. Der Traum, im Mittelpunkt zu stehen, erfolgreich, mächtig und respektiert zu sein, ist in der Unterwelt sehr häufig mit sexuellen Erfolgsvorstellungen verbunden: Man möchte umworben werden, auswählen können, genießen. Dass solche Erfolgsvorstellungen allenfalls dem Verteidiger, kaum je dem Lebenspartner und – im Blick auf den Lebenspartner, der nichts erfahren sollte – nur sehr ungern dem Untersuchungsbeamten oder dem Gutachter erzählt werden, bedarf keiner Erklärung.

Eigene Regeln gelten für die Halbwelt, weil Sex hier zwei ganz verschiedene Aspekte hat: Zum einen ist er das, was er für alle Menschen ist, zum anderen ist er eine Ware, eine Dienstleistung.

So bringt eine in die Halbwelt einsteigende Frau durchaus auch sexuelle Erfolgsvorstellungen in ihre Tätigkeit ein. Doch in ihrer Erwerbstätigkeit spielen diese kaum eine Rolle. Im Vordergrund steht der wirtschaftliche Erfolg. Allenfalls befriedigt sie bei der Arbeit auch Wünsche nach Macht. In der Regel hat sie das Sagen im Bett. Sie bestimmt über die Lust des Partners. Sie wird für ihre Leistung überdies auch noch bezahlt. Ihre sexuellen Erfolgsvorstellungen hingegen beziehen sich auf den Partner, den sie mit Geld, Glanz, vielleicht auch Macht zu kriegen hofft. Auch die erfolgreiche Prostituierte genießt es, umschwärmt zu werden. Als Schwärmer kommen Freier praktisch nie in Betracht. Sie sind für die Frau, die erotische Dienstleistungen erbringt, normalerweise sexuell uninteressant, quasi ein Teil der Geschäftsausstattung. Außerdem disqualifiziert sich, wer eine Frau für eine sexuelle Dienstleistung bezahlt, für diese Frau als Freund oder Lebenspartner. Dauerhafte Partnerschaften und Ehen zwischen Freiern und Prostituierten sind ausgesprochen selten, wohingegen Prostituierte häufig zu langfristigen Partnerschaften und soliden Ehen neigen und sich – entgegen gängigen Vorstellungen – auch meist als Mütter sehr gut bewähren.

Männer, die in die Halbweltwirtschaft einsteigen, unterscheiden anders und weniger klar. Sie erwarten vom wirtschaftlichen Erfolg den sexuellen. Und die Umgebung erwartet das ebenfalls. So wird sich der erfolgreiche Halbweltler sogar im privaten Bereich gern fürs repräsentative Auftreten mit jungen Schönheiten umgeben, Groupies gewissermaßen und Zeichen seins Erfolges. Derlei sorgt für Nachwuchs, der sich nicht ausschließlich aus jungen Leuten der Halbwelt rekrutiert.

Zurzeit sind die finanzstärksten Neueinsteiger nicht mehr ganz junge erfolgreiche Geschäftsleuten der Oberwelt, die bislang nur als Freier aufgetreten sind und sich heute wegen der liberalisierten Gesetzgebung einige Illusionen machen. Erstens erwarten sie, mit dem Aufbau eines legalen erotischen Unternehmens einen Haufen Geld zu machen. Zweitens erwarten sie, dass sich ihre Attraktivität steigern lässt und sie den Sprung vom Freier zum Erotikunternehmer schaffen werden. Diese Ziele zu erreichen gelingt nur in Ausnahmefällen. Ein Hauptproblem bildet die klare Trennung, welche im Milieu zwischen Freier und Milieuangehörigen gezogen wird. Wer einmal Freier war, wird es im Zweifel bleiben, egal was er tut. Weiter gilt für finanzielle Investitionen im Erotikmarkt das Gleiche wie an der Börse: Wer vom Geschäft nichts versteht, sollte die Finger davon lassen. Und wer ohne jede Branchenkenntnis im Milieu einzusteigen versucht und dann womöglich noch im eigenen Bordell sexuelle Befriedigung sucht, wird hinsichtlich des wirtschaftlichen Erfolges sein blaues Wunder erleben. Nicht grundlos hütet sich der Profi, im eigenen Laden als Freier aufzutreten: Er würde sich damit deklassieren. Also geht er in den Club eines Kollegen.

Typen, die in kleineren erotischen Unternehmen als Chef, in Größeren als Angestellter und meist hinter dem Rücken des Chefs erotische Dienstleistungen der ihnen unterstellten Frauen verlangen, indem sie auf Macht pochen oder Vorteile in Aussicht stellen, gibt es natürlich immer wieder, aber derartige Praktiken sind nicht gängig und derartige Unternehmer kaum je auf die Dauer erfolgreich.

Möchte darum ein alternder Unternehmer oder Manager in den Erotikbereich investieren, so tut er gut daran, sich von Fachleuten beraten zu lassen. Sie werden ihm die Rechtslage erklären, ihn ansatzweise über die komplexen Spielregeln aufklären und ihm dann dringend ans Herz legen, den Betrieb nicht selber zu leiten, sondern an einen Profi zu vermieten. Dummerweise passt solche Weisheit gar nicht zu den mit Sex verbundenen Vorstellungen und bleibt entsprechend oft unbeachtet.

Favela-Effekt

So nenne ich die Zielvorstellung beziehungsweise den Anreiz, aus der jetzigen Umgebung mit ihren ökonomisch oder anderweitig bedrückenden Verhältnissen auszubrechen.

Im Favela-Effekt hat sehr vieles Platz: Der Wunsch auch des an sich gut Gestellten, die weite Welt zu sehen und kennen zu lernen, der Wunsch, aus dem dörflichem Mief herauszukommen in die Stadt, der Wunsch, die Beschwerlichkeit des Lebens auf einem Bauernhof in den Bergen abzuschütteln, aus einem Entwicklungsland in ein Land Mitteleuropas zu kommen oder eben aus einem Ghetto, aus einer *Favela* freizukommen.

Auch diese Zielvorstellung ist allgegenwärtig. Fast jeder erlebt etwas als Favela, möchte davon freikommen und Zutritt zu einer vermeintlich besseren Welt bekommen. Dass die Favela des einen unter Umständen die bessere Welt des anderen ist, braucht uns nicht zu erstaunen: Für den, der chancenlos in einem Flüchtlingslager hockt, ist so gut wie alles andere besser.

Immerhin lässt sich feststellen, was der Favela am häufigsten vorgeworfen wird: Sie biete keine ausreichende Chance zum wirtschaftlichen und gesellschaftlichen Aufstieg. Der Vorwurf ist oft ebenso berechtigt wie der Wunsch, freizukommen.

Aber der erfolgreiche Ausbruch in eine bessere Welt der Oberwelt ist oft an Bedingungen gebunden, die nur schwer erfüllen kann, wer in der Favela lebt. Vor allem die nötige Grund -und Berufsausbildung ist meist nicht erhältlich, sei es, weil die Schulen fehlen, sei es, weil Schulbesuch, Lehre und so weiter zu teuer kommen oder als sinnloser Luxus angesehen werden. So fällt der normale, langsame

Weg via Ausbildung, Bewährung in der Arbeit und Weiterbildung zum beruflichen, wirtschaftlichen und gesellschaftlichen Erfolg oft außer Betracht. Es bleibt nur der Sprung übrig – und für einen solchen bieten sich nur wenige Bereiche, vor allem Sport und Musik, an. Vom Sprung träumen Zahllose – und die Allerwenigsten schaffen ihn, denn er erfordert ungewöhnliche Begabung, ungewöhnliches Können – und Glück. Für alle anderen bleibt es beim Traum.

Manche resignieren. Die anderen suchen nach anderen Wegen aus der Favela heraus und stellen bald einmal fest, dass allein noch Halbwelt- oder Unterweltaktivitäten solche Wege zu bieten scheinen.

Im Detail wird dieses Thema im Rahmen der Weganreize und der Rahmenbedingungen zu behandeln sein. Denn der Favelaeffekt wirkt stets in Kombination mit bestimmten Weganreizen wie Einfachheit, Durchlässigkeit und so weiter und mit Rahmenbedingungen, die den Aufstieg in der legalen Welt erschweren, zum Beispiel mit verschiedenen Formen der Diskriminierung.

Der Favela-Effekt versorgt Halb- und Unterwelt ständig mit Nachwuchs. Es tut dies umso mehr, als vor allem Halb- und Unterwelt mit schnellen Erfolgen locken können.

Befriedigung von Wut und anderen Affekten

Auch der Wunsch, sich zu rächen oder seine Wut abzureagieren, spielt in allen drei Welten eine große Rolle – und wie der Neid eine größere, als zumindest die Oberwelt wahrhaben will.

Zu dem damit verbundenen guten Gefühl zu kommen, erfordert nicht zwingend, dass man Unerlaubtes tut. Oft reicht es, wenn man ganz legal gegen eine Beförderung stimmt, einen Vertrag nicht abschließt oder einen Kontakt abbricht. Legt man auch anderen nahe, den Kontakt abzubrechen, wird es langsam heiß: Im Geschäftsleben landet man bald einmal beim unlauteren Wettbewerb und dergleichen mehr. Eine erlaubte Begründung für legale Schritte lässt sich immer finden. Das gilt auch für den Justizbeamten, der Wut über eine Einzelperson oder eine ganze Bevölkerungsgruppe abreagiert, indem er beispielsweise anklagt, statt die Untersuchung einzustellen oder gar nicht erst zu eröffnen. Natürlich darf derlei nicht sein, aber das heißt noch lange nicht, dass es darum nicht stattfände.

Der Wunsch nach Rache und Wut sorgt vor allem für Gewaltstraftaten, liegt doch in der Natur der Sache, dass es hier besonders schnell zu Grenzüberschreitungen kommen kann.

Am schnellsten und am «effizientesten» ist die Befriedigung oft durch einen Gewaltakt zu erreichen. Egal wie wenig unsere Zivilisation und die staatliche Gesetzgebung von Racheakten halten, wir haben immer noch viel Verständnis für Wut und Rachegefühle. Wir zeigen es normalerweise nur selten und nur dort, wo es nach unserer Meinung nichts schaden kann, aber die Reaktionen des Publikums in einem harten Action-Film sprechen Bände.

Etwas kultivierter benimmt man sich in der Regel in der Oper, aber ohne Rache und deren Billigung durch das Opernpublikum wäre die Opernszene ungemein langweilig.

Wut ist Emotion. Die Emotion kann begründet oder völlig unbegründet sein. Die unbegründete Emotion zeigt aber auch, dass es leicht ist, sie künstlich zu erzeugen. Für Verhetzung im kleinen Rahmen, wie sie täglich stattfindet, hat sich die Formulierung «jemanden aufbauen» eingebürgert. Sie steht für das Produzieren von Wut zu welchem Zweck auch immer. Schon da können die Folgen schlimm sein. Werden nicht bloß Einzelne, sondern Bevölkerungsgruppen oder ein ganzes Volk gegen eine andere Gruppe oder ein Nachbarvolk «aufgebaut» – auch das gehört zur Tagesordnung –, reichen die Folgen bis zu Pogromen, Bürgerkriegen oder Kriegen.

Rache kann, muss aber nicht mit Wut zusammengehen. Der Grundtypus der Rache ist ein Vorläufer staatlicher Justiz: Der Einzelne sorgt nach dem Bibelwort «Auge um Auge, Zahn um Zahn» (Lev 24:20) für die Bestrafung des Täters, der ihn, seine Familie oder Freunde an Leib, Leben, Vermögen oder Ehre geschädigt hat. Dem Wunsch nach Rache liegt in der Regel ein konkreter Vorfall zugrunde. Allerdings kann dieser Vorfall – vor allem bei Blutrache zwischen Familien – so weit zurückliegen, dass niemand mehr genau weiß, weshalb man eigentlich aufeinander loszugehen hat.

Wie das Bibelwort zeigt, fordert Gott den Rächer nicht einfach auf, seine Wut abzureagieren, sondern kontrolliert zu handeln, darf er im Idealfall dem anderen doch nur soviel zufügen, wie vorher dieser dem ersten Opfer zufügte.

Rache ist bis heute Teil komplexer Normensysteme einiger ursprünglicher Kulturen. Manchenorts lebt man in Verhältnissen, in welchen von der staatlichen Macht wenig bis nichts zu erwarten und jeder auf «Selbsthilfe» verwiesen ist. Oder man hat sich von der langen Tradition der Selbsthilfe noch nicht ganz lossagen mögen. In Mitteleuropa sind vor allem bestimmte Balkangebiete in dieser Beziehung bekannt geworden.

Dank der Migration nehmen wir auch bei uns gelegentlich Blutrache und ihre Folgen wahr. Das Interesse der Medien ist jedes Mal enorm. Allerdings bleibt in der Regel unerwähnt, dass die Tradition, aus welcher der Täter kommt, Blutrache für das betreffende Delikt nicht zwingend fordert und nicht vorbehaltslos begrüßt, sondern Racheablösungssysteme anbieten würde, die in concreto versagt haben.

So wurden in Gebieten mit einer Tradition der Blutrache regelmäßig spezielle Befriedungsrituale und Befriedungstreffen geschaffen. Die Partei, die eine andere verletzt hat, kann von sich aus Geld, Sach- oder Arbeitsleistungen anbieten, um sich von der Rache freizukaufen. Die verletzte Partei kann von sich aus bekannt geben, unter welchen Umständen sie auf Rache verzichten würde. Manchmal steht am Anfang eine «gewöhnliche» Forderung, und droht die verletzte Seite, sie erkläre die Sache zur Blutrachesache, wenn sie nicht wie verlangt abgefunden werde. Unschärfen der Definition des Blutrachefalles machen derlei möglich. Spielt das traditionelle System noch voll, so prüft regelmäßig ein Älterenrat oder ein anderes allgemein respektiertes Gremium die Angemessenheit der Angebote und setzt Druck auf, dass sie angenommen werden.

Massiver Druck wird auch ausgeübt, wenn keine der Parteien eine Ablösung akzeptieren will. Denn an der Ausrottung ganzer Sippen ist keine Gemeinschaft interessiert. Leider verlieren in einer Zeit, in welcher der Staat mit wachsendem Erfolg die Ahndung von Delikten als sein Privileg beansprucht, private «Schlichtungsbehörden» an Einfluss, sodass aus dem Aufbau einer funktionierenden staatlichen Justiz eine vorübergehende Zunahme der Racheakte resultieren kann.

Die Unterwelt kann zur Durchsetzung ihrer Ansprüche nicht auf staatliche Hilfe zählen. So spielen die Rachestrukturen hier eine weit größere Rolle als in der Oberwelt und selbst in der Halbwelt. Racheablösungssysteme hingegen sind unüblich. Folglich ist der Blutzoll in Gebieten mit mächtigen kriminellen Organisationen oft entsetzlich hoch. Spielen Rachebedürfnisse und ökonomische Interessen zusammen, steigt die Zahl der Toten weiter an, wie der zweite Mafiakrieg in Sizilien in den Siebzigerjahren belegt.

Wut- und Rachegefühle können nicht bloß in überlegten Handlungen ausgelebt werden. Sie können auch zu einer so genannten Affekttat führen. Bei diesem Typus von Tat stauen sich Gefühle, bis der Druck des Aufgestauten plötzlich alles Bremsende hinwegfegt und sich in eine Handlung entlädt, die Befriedigung verschafft. Wie beim Murgang im Gebirge ist der Schaden oft sehr groß, die Vorwerfbarkeit manchmal gering. Die modernen westeuropäischen Strafgesetze kennen deshalb den entschuldbaren Affekt, also einen Affekt, der ein gewisses Verständnis weckt, und gestatten, solche Fälle milder zu beurteilen. Als Beispiel kann der Totschlag dienen, der von allen Tötungshandlungen mit der geringsten Höchststrafe bedroht wird.

Handfeste ökonomische Interessen können sehr wohl mit Wut und Rache zusammengehen und schließen auch den Affektstau nicht aus. Wer seinen Erbonkel umbringt, um zu erben, kann gleichzeitig aufgrund irgendwelcher Handlungen eine maßlose Wut auf den Betreffenden gehabt oder sogar Rachegelüste verspürt haben. Möglich ist auch, dass es bei ihm im Rahmen einer direkten Auseinandersetzung zu Affektstau und Affekttat gekommen ist, wobei der Gedanke an das Erbe die Entladung gefördert hat.

Oft wird aus einer Entscheidung zugunsten einer rational schwer nachzuvollziehbaren Tat gefolgert, auch der Ablauf müsse irrational bestimmt sein. Gefährlicher ist der Umkehrschluss: Rationalität und Effizienz bei der Ausführung verbiete die Annahme von Irrationalität beim Entschluss. Aber die Kontrolle verlieren bedeutet nicht, dass man fortan völlig uneffizient handelt: Es ist lediglich ein bestimmter Stop-Mechanismus dahingefallen.

Sogar unsinnige Affektaktionen sind meist nicht unsinnig, was die Ausführung angeht. Offenbar werden wir auch in solchen Ausnahmezuständen noch lange durch ein vermutlich uraltes «Effizienzprogramm» gesteuert, das für einen wirtschaftlichen Einsatz unserer Mittel sorgt. Ökonomie und damit Optimierung des Kräfteeinsatzes ist nicht dem denkfähigen und denkenden Menschen vorbehalten. Auch fast ohne Denken handelnde Menschen, die ganze Tierwelt, letztlich alle Lebensformen verhalten sich grundsätzlich ökonomisch und vielfach ökonomischer als der denkende Mensch.

Steht die Zielvorstellung einmal fest, so optimieren wir bei der Wahl des effizientesten Weges so schnell, wie uns das möglich ist, aber sogar bei Affekttaten schaffen wir in Sekundenbruchteilen noch ein gewisses Maß an Risikoanalyse und Optimierung nach Wirtschaftlichkeitskriterien. Wir setzen grundsätzlich dasjenige Mittel ein, das uns den wenigsten Aufwand abverlangt. Wenn wir uns länger Zeit lassen können, können wir diese Risikoanalyse und Optimierung genauer und vielleicht auch sachgerechter vornehmen.

Bereits ein einfaches Beispiel illustriert, warum ich das uralte Ökonomieprogramm lobe. Tritt uns ein Betrunkener auf der Straße aggressiv gegenüber, so lässt sich die Konfrontation oft schon dadurch vermeiden, dass wir ausweichen. Unsere Konditionierung sagt denn auch als erstes: «Ausweichen!» Können wir nicht ohne weiteres ausweichen, so rät sie zu «Fliehen» oder zu «Anschreien». All das ist ökonomischer als Handgreiflichkeiten.

Aber auch wo Handgreiflichkeiten unumgänglich werden, bleibt die Konditionierung sparsam. Wir werden nicht gleich zum Messer oder zur Pistole greifen. Schätzen wir die Gefahr – zu Recht oder zu Unrecht – als hoch ein, so greifen wir zwar nach allem, was uns geeignet erscheint, aber selbst jetzt noch funktioniert das «Effizienzprogramm». Wo es genügt, jemandem kurz an die Gurgel zu gehen, wird der Abwehrende wahrscheinlich noch nicht zum Messer greifen. Und greift er zum Messer, zieht er das Stoppen dem Hinmachen vor.

Das alles funktioniert natürlich nur dann, wenn die «Basisprogramme», die normalen evolutionären und zivilisatorischen Konditionierungen, das Sagen haben. Wer anderes sogar im persönlichen Programm festgeschrieben hat, reagiert anders und sehr oft mit mehr Schadenspotenzial. So weiß das uralte Effizienzprogramm nichts von modernen medizinischen Erkenntnissen. Es befiehlt, dem Angreifer kurz die Gurgel zusammenzudrücken, um ihn Mores zu lehren, aber es hatte keine Ahnung vom Carotis-Sinus-Reflex, der bei Druck auf bestimmte Bereiche auf beiden Seiten der inneren Halsschlagader (Sinus caroticus) zum Zusammenbruch des Blutdrucks und zum Tod des Gegners führen kann. (Wer dazu ins Internet geht, wird feststellen: Nirgends weiß man besser Bescheid und warnt man nachdrücklicher als in der gemäßigten Sado-Maso-Szene. Den zweiten Platz belegen Kampfsportler.) Das Programm befiehlt: «Nimm dein Taschenmesser und stich in den Brustkorb, aber nicht ins Herz», aber es weiß nicht, was ein Pneumothorax ist. Atavistische Programme brauchen viel Zeit, um sich anzupassen, und sie sind mit dem Tempo der Veränderungen, die wir produzieren, leider hoffnungslos überfordert.

Schuldübertragung und «Inkasso von Guthaben»

Hier sehen wir uns ungewöhnlichen Zielanreizen gegenüber, die dem Pathologischen zumindest nahe stehen. Aber weder die Ungewöhnlichkeit noch die Nähe des Pathologischen verunmöglichen, sich in die Gedankengänge eines Täters hineinzudenken, der diesen Anreizen gefolgt ist.

Wird jemand von der Umgebung ungerecht behandelt, herabgewürdigt, vielleicht sogar von einem Gericht zu Unrecht verurteilt, kann er sehr unterschiedlich reagieren. Eine mögliche Reaktion besteht darin, dass er zum Schluss kommt, er müsse sich halt doch irgendwie schuldig gemacht haben. Noch etwas komplizierter wird das Ganze, wenn bereits die Ungerechtigkeit und Herabwürdigung lediglich im Kopf des Betreffenden existiert. Das Gefühl, sich schuldig gemacht zu haben, und das Bedürfnis, den Grund zu kennen, können so beherrschend werden, dass jemand schließlich ein Delikt begeht zum alleinigen Zweck, wirkliche, reale Schuld auf sich zu laden, um endlich wieder die innere Seelenlogik richtigzustellen. Solche Fälle sind allerdings selten.

Das Delikt als «Inkasso von Guthaben» ist etwas leichter zu erklären. Fällt ein Gericht ein sehr hartes oder gar falsches Urteil, so kann sich der Verurteilte in die Vorstellung hineinsteigern, er habe soviel an neuen Straftaten «zugut», wie es brauchen würde, damit die erhaltene Strafe gerechtfertigt wäre. Derlei beginnt mit dem Gedanken, dass die Rechnung wieder aufginge, wenn man für die unverdienten Jahre einbrechen/rauben/betrügen würde.

Denen zeige ich es (weil es verboten ist/weil ich es kann)

Wer sich durch diese Überschrift etwas an «Vermischte Meldungen» erinnert fühlt, wie sie Zeitungen als Sammelbecken für Kraut und Rüben dienen, liegt falsch: Die drei Zielanreize stehen sich nahe. Er liegt auch nicht ganz daneben, denn sie unterscheiden sich ein Stück weit.

Nur wenig ist schöner und verschafft mehr Befriedigung als dies: Einen Erfolg ausweisen zu können, den andere einem nicht zugetraut hätten. Ein paar Klischee-Beispiele dazu liefern das Aschenbrödel, das den Milliardär heiratet, und der Generaldirektor der Bank, von dem in Schule und Lehre alle sagten, er werde es nie zu etwas bringen.

Wirklichkeitsnähere Beispiele kennen wir alle aus eigener Erfahrung: Man war der verlachte Letzte im Turnen, aber dann ging die Klasse mal schwimmen, und im Wasser brillierte man. Oder man bestand zum Erstaunen aller die Fahrprüfung.

Vor allem bei Personen, denen die Umgebung alle Erfolgserlebnisse vorenthielt und stattdessen bei jeder Gelegenheit ihre Minderwertigkeit attestierte, kann der Antrieb, es der Umgebung zu zeigen, riesig werden. Das «Denen zeige ich es» findet vielfach in ganz legalen Formen statt. Man setzt sich entgegen den Erwartungen der Umgebung durch, schließt eine Ausbildung unter widrigsten Umständen mit Erfolg ab, macht eine große Erfindung, vermarktet sie dann auch noch erfolgreich und wird dank intensiver Arbeit schließlich zum Star in irgendeinem Bereich.

Der Zielanreiz verleitet allerdings rechts schnell dazu, illegale oder zumindest Halbwelt-Möglichkeiten ins Auge zu fassen. In der Regel geschieht derlei zunächst spielerisch. Aber auch hier kann aus Spielerei bald einmal ernsthaftes Nachdenken, Planen, Tun werden.

Mit «Denen zeig ich es» können nicht nur echte und vermeintliche Schlüsselkinder der Gesellschaft reagieren. Anfällig ist auch derjenige, der immer als brav galt, als schwach galt, von der Umgebung verwöhnt und verhätschelt wurde oder nie einen Stein selber aus dem Weg räumen durfte, weil er sich dabei hätte wehtun können. Mit Glück wählt er irgendeine hochriskante Sportart, um Luft zu bekommen. Recht oft wählt er Verbotenes, weil der Kontrast zu dem, was man ihm zutraut, hier am größten ist.

All diese Fälle haben notwendigerweise gemeinsam, dass die Umgebung davon erfährt. Dieser Erfolg lässt sich nicht im stillen Kämmerlein erzielen.

Die Befriedigung, etwas Verbotenes zu tun, weil es verboten ist, ist als Anreiz vor allem deshalb interessant, weil er einer der ganz wenigen Zielanreize ist, die dem deliktischen Wirken vorbehalten sind.

Als Erstes sind hier zwei Grundformen von Befriedigung zu unterscheiden, eine im privaten Bereich und eine, die zwingend ein Publikum voraussetzt.

Befriedigung im ganz privaten Bereich verschaffen beispielsweise der Joint, den jemand allein im Geheimen raucht – früher tat es bereits die Zigarette – oder der Genuss von Alkohol, für den der Konsument noch nicht alt genug ist. Auch gemeinsames Kiffen und Saufen oder sexuelle Kontakte von Minderjährigen kann man oft noch diesem Bereich zurechnen. Den Beteiligten genügt der Verstoss an sich und ihr eigenes Wissen darum. Diese Form braucht uns hier nicht groß zu kümmern.

Anders sieht es bei jener Form aus, die ein Publikum voraussetzt. Schaut man sich solche Beispiele an, stößt man auf einige konstante Elemente, stellt allerdings auch fest, dass stets mehrere Anreize zusammenwirken. Selbstzweck ist die Missachtung des Verbots kaum je.

So geht es bei Gewalttätigkeit im Zusammenhang mit Demonstrationen, bei Vandalismus aller Art oder bei Hooliganschlägereien in Zusammenhang mit Sportanlässen meist auch um die Bewährung und Profilierung in einer Gruppe. Er oder sie (Frauen tun derlei seltener) kann sich innerhalb einer Hooligan-Gruppe oder einer militanten Demonstrationsgruppe Anerkennung verschaffen, indem er mit der Gruppe, für die Gruppe und noch mehr als die Gruppe Verbotenes tut. Oft hält sich derlei in vorbestimmten Grenzen: Man will nur kleinen Sachschaden anrichten. Allerdings ist den Beteiligten nie klar, wie schnell großer Sachschaden angerichtet ist.

Oder man setzt großen Sachschaden wie Einschlagen von Schaufenstern aufs Programm, zieht aber eine Linie bei Körperverletzungen. Oder man zieht die Linie bei schweren Körperverletzungen. Auch da gilt: Die meisten Beteiligten haben keine Ahnung davon, wie schnell anstelle einer leichten eine schwere Körperverletzung resultieren kann oder dass das Werfen von Pflastersteinen unter Umständen bereits auf einen Tötungsversuch hinauslaufen kann.

In der Regel verschaffen Delikte auch jenseits der Linie Anerkennung in der Gruppe, sofern sie nicht völlig außerhalb des «normalen» Gruppenvorgehens liegen. So gehören Plünderungen, nachdem Schaufenster eingeschlagen wurden, keineswegs generell zu den in einer Demonstration akzeptierten Deliktshandlungen. Je nach politischer Ausrichtung werden solche sogar als ein Verrat angesehen, der höchstens dann toleriert werden kann, wenn die gestohlenen Gegenstände oder Mittel wieder der Gruppe zufließen. Bei Hooligans sind vor allem Ausschreitungen gegenüber gegnerischen Gruppierungen anlässlich eines Fussballspiels, sei es während des Spiels oder nachher, beliebt.

Vor allem jungen Personen dient das Missachten von Verboten

oft dazu, Frust abzureagieren, indem man die Umgebung schockiert und ihr klar macht, dass man sich abgenabelt hat.

Solche Profilierungsübungen können mehr oder weniger harmlos verlaufen. Je nach Umgebung genügt bereits das Rauchen eines Joints für eine zufriedenstellende Schockwirkung. Doch kann jemand aus sehr konservativem Haus bei genügend innerem Druck auch auf die Idee kommen, um der Profilierung willen schwere Delikte zu begehen, in den Drogengroßhandel einzusteigen, einen Raub oder eine Entführung zu begehen oder sogar Tötungshandlungen vorzunehmen. Denn der Anreiz, die Umgebung zu schockieren, ergibt – stets gemischt mit anderen Anreizen wie Geld, Glamour, sogar Respekt und Macht – einen gefährlichen Cocktail. Nicht grundlos begegnet man immer wieder Tätern aus so genannt gutem Hause, die es nach landläufiger Meinung eigentlich gar nicht nötig gehabt hätten, Delikte zu begehen.

Das Übertreten von Verboten um des Übertretens willen kann auch Teil des menschlichen Imponier- und Balzgehabes bilden. Autorennen auf Normalstraßen, wie sie immer wieder zu Unfällen führen, liefern ein gutes Beispiel. Es geht darum zu zeigen, was man kann.

Interessanterweise macht sich derjenige, der balzen will, vielfach ganz falsche Vorstellungen von dem, was dem anderen Geschlecht imponiert. So stoßen etwa die verheerenden Autorennen auf Normalstraßen bei Frauen und Mädchen fast durchwegs auf kategorische Ablehnung, während die jungen Männer unbeirrt dran festhalten, solche Auftritte als Actionhelden verschafften ihnen mehr Attraktivität als alle gescheiteren Formen der Selbstprofilierung.

Leichter nachzuvollziehen ist die spezielle Herausforderung einer fast unmöglichen Tat. Den, der Fort Knox knacken will, verlockt unter Umständen neben dem legendären Reichtum auch oder sogar vor allem der Glanz des «Das habe ich geschafft». Die Herausforderung des fast Unmöglichen spielt in der Praxis eine untergeordnete Rolle, aber bei Großdelikten wie Bankraub, Überfall auf einen Geldtransport und so weiter ist sie meist mit von der Partie. Eine viel größere Rolle spielt sie allerdings im Unterhaltungssektor: Täter, die an sich unmögliches Verbotenes – mit Erfolg – probieren, garantieren immer wieder für volle Kinokassen.

Die übermächtige Befriedigung, etwas tun zu können, geht oft zusammen mit der Befriedigung von Wut, Rache, Neid, Revierverteidigung und so weiter. Eine betrüblich große Rolle spielt sie innerhalb des «geschützten» Rahmens der Familie. Hier trägt diese Haltung immer wieder dazu bei, dass sich jemand weit über alles Sinnvolle hinaus durchsetzt und schließlich zu Übergriffen gegenüber Schwächeren, vor allem Kindern und Frauen, verleiten lässt.

Ausloten/Ausreizen von Grenzen

Das Ausloten oder Ausreizen von Grenzen ist als befriedigende Zielvorstellung nicht identisch mit der bewussten Verletzung eines Verbots. Wer Grenzen ausloten will, möchte nicht unbedingt Delikte begehen, er will bloß genau herausbekommen, wo die Grenze eigentlich liegt. Bei seinen Nachforschungen nimmt er häufig in Kauf, die Grenze mindest zeitweilig zu überschreiten. An sich ist so etwas typisches Jugend- und Pubertätsverhalten. Kinder kennen viele Spiele, in denen es nur darum geht, zu sehen, wie weit nahe man an eine Grenze herankommt und ob man noch einen Schritt weiter gehen kann. Jeder Jugendliche will wissen, wie weit er gehen darf, bis die Konsequenzen gegen das Weitergehen sprechen. Die Befriedigung liegt darin, wirklich allen Raum zwischen den Leitplanken zu beanspruchen.

Aber nicht nur Jugendliche benehmen sich so. Wir finden die Muster auch bei Erwachsenen, unabhängig von Ausbildung, Intelligenz und so weiter und manchmal in überraschenden Zusammenhängen. Jeder von uns kann sich dran erinnern, wo und wann er Grenzen auslotete, und meist auch dran, dass er Glück dabei hatte.

Duldet eine Firma generell Bordellbesuche von Managern, so macht der Bordellbesuch nach einem Geschäftsessen viel weniger Spaß, als wenn die Frage der Billigung unklar ist und man neben dem Bordellbesuch auch den Stolz genießen kann, auf der Grenze herumzuturnen. Offenbar liegt es in der menschlichen Natur, jede Toleranz und ganz speziell die Duldung von kleinen Unkorrektheiten auf ihre äußerste Grenze hin zu testen. Der Spitzenmann, dem man großzügige Spesen bewilligt, probiert aus, ob auch der Bordellbesuch noch drin liegt. Der Auslandsmanager, der mit Bestechungen Erfolge bucht, macht damit weiter, bis es «knallt». Wer in der Lage ist, sich Provisionen zuzuteilen, strapaziert die Verteilungsregeln zum eigenen Vorteil solange, bis irgendeinem Höheren der Kragen platzt.

Hierhin gehört auch das Grauzonen-Haschmich, das in Zusammenhang mit Cannabis gespielt wurde und wird. Personen, die wegen schwerster Delikte zur Verhaftung ausgeschrieben sind, neigen dazu abzutasten, was alles noch ohne Verhaftung drinliegt. Sind sie im Ausland untergetaucht, so tauchen sie zunächst – vielleicht auch aus Heimwehgründen – in Bars auf, in denen ihre Landsleute als Touristen verkehren. Bereits das erhöht das Risiko der Verhaftung. Später gehen sie mit falschen Papieren rund um ihr Heimatland auf Reisen, Ausschreibung hin oder her. Dann besuchen sie mit diesem falschen Papieren ihr Heimatland, zuerst ganz diskret, dann immer unvorsichtiger, bis sie wieder in alten Stammkneipen bei alten Bekannten auftauchen. Und dann geht es schief, und an die Stelle des Kicks tritt der Strafvollzug.

Letztlich benimmt sich dieser Straftäter nicht anders als der Extrembergsteiger, der stets nochmals in Sachen Schwierigkeitsgrad trotz Wetterrisiko eins drauflegt oder jene Überlebenskünstler, die sich mit immer weniger Ausrüstung immer weiter draußen in der Wildnis aussetzen lassen, um den Weg zurückzufinden. Auch die Befriedigung, Grenzen ausgetestet zu haben, gewinnt in der Regel damit, dass andere mitbekommen, wie gut man in diesem Sport ist.

Große Meisterin im Ausloten von Grenzen ist die Halbwelt – wenn auch nicht freiwillig. Dafür sorgen ihr Standort auf der Grenze zwischen Oberwelt und Unterwelt und die Vielfalt der Gesetze. Manche Halbweltaktivitäten sind gestattet, andere verboten, die Grenzen oft unscharf und die Regelungen von Land zu Land verschieden.

So ist es in der Schweiz nach jetzigem Recht gestattet, von einer Prostituierten dafür, dass man ihr Infrastruktur und Werbung zur Verfügung stellt, zum Beispiel vierzig bis sechzig Prozent ihrer Einnahmen zu verlangen. In der Bundesrepublik wird ab fünfzig Prozent der Tatbestand der ausbeuterischen Zuhälterei bejaht. Nach norwegischer Auslegung von an sich liberal klingenden Bestimmungen ist es generell verboten, von einer Prostituierten irgendwelche Beiträge an die Kosten der Infrastruktur zu verlangen. Ob die Frau damit einverstanden wäre oder es begrüßen würde, ist unbeachtlich.

In Zeiten verstärkter Duldung beziehungsweise etwas reduzierter Justizaktivität werden die Grenzen ausgelotet und nehmen Praktiken zu, die an der Grenze des gerade noch Geduldeten liegen. Das bewirkt politisches Unbehagen, schließlich Gegenreaktionen der Justiz und dann wieder eine Zunahme der Toleranz – kurz, Halbwelt und Justiz dümpeln gemeinsam vor sich hin. Gelegentlich allerdings wird der gemächliche Kreislauf durch Exzesse der einen oder anderen Seite gestört. Als Beispiel für einen staatlichen Exzess benutze ich gern die vor einigen Jahren in Süddeutschland ergangenen Entscheidungen, nach denen sich ein besonders anständiger Bordellbesitzer, der den Frauen besonders anständige Konditionen bot und immer korrekt abrechnete, der Förderung der Prostitution schuldig machte, da er die Frauen mit seinem anständigen Verhalten vom Ausstieg aus dem Beruf abhalte.

Sind wenigstens die staatlichen Organe immun gegen die Befriedigung, Grenzen ausgelotet zu haben, und gefeit gegen die Versuchung, es zu tun? Polizeiliche Aktionen, die sich an der Grenze des Zulässigen oder halt auch etwas jenseits bewegen, bilden immer wieder Gegenstand von grundsätzlichen Gerichtsentscheidungen. Der Staatsanwalt, der die Verwendung eines Beweismittels durchgepaukt hat, das bisher in dieser Form nicht verwendet werden durfte, hat die Befriedigung, Grenzen ausgereizt zu haben – genau gleich wie der Halbweltler, der es geschafft hat, sein Bordell genau an die Grenze der Legalität gestellt zu haben. Beim Ausreizen von Grenzen kann es um verschiedenste Arten von Grenzen gehen:

- um persönliche Grenzen wie jene des persönliche Könnens,
- um Grenzen in Wettkämpfen aller Art,
- um familiäre Grenzen, gesetzt durch Tradition, Religion, familiäre Bindungen,
- um Standesgrenzen, gesetzt durch irgendeinen Verhaltenskodex der betreffenden Gruppe, und schließlich
- um rechtliche Grenzen.

Nur nebenbei: Einen Klassiker in Sachen Ausreizen der Grenzen finden Sie im Alten Testament unter dem Stichwort Turmbau zu Babel (Gen 11:1–9).

Spezielle Zielanreize der Halbwelt

Die Halbwelt mit dem Erotikmarkt bildet, um einen für Menschen eher selten verwendeten Begriff zu gebrauchen, ein spezielles Ökosystem. In ihm spielt eine Reihe von besonders attraktiven Zielanreizen zusammen. Ihre Kombination macht aus, was wir als Atmosphäre der Halbwelt einmalig finden. Dabei kommen all die Elemente weiterhin zum Tragen, die wir bereits behandelt haben. Aber es kommt etwas Besonderes hinzu: ihre Randstellung gegenüber der normalen Gesellschaft. Warum das alles eine für viele unwiderstehliche Mischung ergibt, ist nicht einfach zu sagen.

Leicht zu sagen ist hingegen dies: Der Reiz der Halbwelt kann zu einer Art Suchtverhalten bei Mitgliedern wie bei bloßen Besuchern/Konsumenten führen. Die klassische Illustration solchen Suchtverhaltens eines Besuchers, das in der Selbstzerstörung endet, bieten der Roman «Professor Unrat» von Heinrich Mann und dessen Verfilmung «Der Blaue Engel» von 1930, der Marlene Dietrich weltberühmt machte.

Ich will im folgenden einige spezifische Anreizpunkte herauspicken, allerdings ohne Anspruch auf Vollständigkeit oder Allgemeingültigkeit:

- *Bohème-Atmosphäre.* Jede Halbwelt am Rand, zum Teil auch etwas außerhalb der bürgerlichen Gesellschaft erhält schon durch ihre Position einen eigenen Reiz. Der Bürger wittert Freiheit, Freiheit von Konventionen, Freiheit zum Handeln nach eigenem Gutdünken. Er verspürt Neid: Da sind ein Haufen Leute unterwegs, die ganz selbstverständlich eine Menge von dem tun, was er gerne täte und sich nicht erlauben darf.

- *Sex:* Halbwelt lässt sich praktisch gleichsetzen mit Erotikmarkt. Dort dreht sich alles um Sex, um Sex gegen Geld (für den Außenstehenden) und für Sex ohne Geld (für die dazu Gehörenden). Geld verschafft dem Kunden eine gewisse Macht. Besonders viel Macht scheint es ihm gegenüber der Frau zu verschaffen, die er für ihre Dienstleistungen bezahlt. Für die «Dienstleisterin» sieht das etwas anders aus. Eine meiner Mandantinnen umschrieb ihre Rolle mit «Herrin der Lust». Spätestens auf dem Zimmer übe sie die Macht aus.

  Die Käuflichkeit von Sex suggeriert die Käuflichkeit von weit mehr, wenn nicht vom allem. Sieht man in anderer Atmosphäre eine unbekannte attraktive Frau, so wird diese den Meisten unerreichbar erscheinen. Aber die attraktive Frau, die im Rotlichtquartier in einem Straßenkaffee sitzt, ist grundsätzlich erreichbar. Und sie signalisiert, dass hier alles erreichbar ist, was man sich wünscht – und bezahlen kann. Denn Sex als Geschenk gibt es nur für Freunde, die sich entsprechend geehrt fühlen oder für den festen Freund, der über Sex hinaus oft und manchmal sehr reich beschenkt wird.

  Denn mit ihm will sich die Frau im Kollegenkreis brüsten können – wobei ihr unter Umstanden egal ist, dass nicht nur sie sich brüstet. So lösen sich in den einschlägigen Lokalen die Begegnungen und Auftritte ab, wirkt der Wunsch nach Sex so unerschöpflich wie die Fähigkeit, Sex zu bieten, und fühlt sich, wer eine Zeitlang einfach zuschaut, manchmal an Schnitzlers Reigen erinnert. Allerdings hat die Unermüdlichkeit ihre Grenzen. Am Morgen nach einer durchgemachten Nacht präsentieren sich Halbweltler und Halbweltlerin keine Spur besser und wirken keine Spur erotischer als der Rest der Menschheit.

- *Kontrollierte Quasi-Gefahr:* Der Besucher genießt das Gefühl, etwas Gefährliches zu tun, nichts wirklich und unberechenbar Gefährliches natürlich, sondern etwas Quasi-Gefährliches, das gerade so viel Prickeln verursacht, dass er es noch unter willkommenen Kick abbuchen kann.
  Lebt man normalerweise in der Oberwelt mit ihrem Sicherheitsfimmel, ist ein klein bisschen vermutete oder sogar echte Angst manchmal herrlich. Diese Herrlichkeit kann vermarktet werden und wird vermarktet. Früher taten Gruselkabinette und Geisterbahnen den Dienst, die wir heute bloß noch putzig finden.
  Mit diesem Gefahreneindruck versehen geht der Besucher durch vielleicht düstere Straßen oder an ungemütlich wirkenden Typen vorbei zu einer Absteige. Er geht zu einer Frau in den Salon, in dem ein imposant-muskulöser Chef oder dessen Stellvertreter Präsenz markiert. Er geht in die Milieu-Kneipe, in der andere Regeln herrschen als in den Lokalen, in denen der Besucher sich auskennt. Die kontrollierte Quasi-Gefahr ist ihm oft so lieb und wert, dass er lieber im Rotlichtquartier freit als in einem der Bordelle, die heute unauffällig in braven Quartieren stehen. Die Betreiber solcher Lokale gäben entsprechend viel um ein Rezept, mit welchem sich auch um ihr Etablissement herum eine Aura der kontrollierten Quasi-Gefahr schaffen ließe.
- *Protagonistenrolle:* Halbwelt ist kreativer, als die meisten Leute es realisieren. Das gilt vor allem für die Mittel der Selbstinszenierung. In der Halbwelt ist man darauf angewiesen, aufzufallen und attraktiv zu wirken, sonst läuft das Geschäft nicht. Attraktivität und Geschäft sind enger miteinander verbunden als in der Oberwelt, die Konkurrenz ist härter – und dann sollte man sich als Welt auch noch in der richtigen Weise von der Oberwelt als ganzer abheben. So übernimmt die Halbwelt vor allem im Modesektor oft die Rolle des Vorreiters, denn auffallen kann man am besten mit etwas Neuem.
  Tatsächlich lässt sich über die letzten Jahrzehnte hinweg verfolgen, wie die großen Modeschritte zunächst als Mode der Peri-

pherie und als Halbweltmode auftraten und dann in die normale Gesellschaft Eingang fanden. Das galt von Miniröcken über Hotpants bis zu Stiefeln für Frauen, Durchblick auf Dessous, freizügigen Blusen, neuen auffälligen Frisuren, Make-ups bis hin zum Fingernagelkult, wie wir ihn heute kennen.

Karriere in solchem Sinne machten sogar eher kuriose Kreationen wie die Kombination von Ski-Anzügen in Babyrosa und Babyblau, die mit Moonboots eine Zeitlang auf dem Hamburger Winterstrich «in» war. Die Frau der Oberwelt, die attraktiv erscheinen möchte, kleidet und schminkt sich in der Regel etwa so wie eine Frau der Halbwelt zwei, drei Jahre vorher. Der geschickte Modeschöpfer tut gut daran, in irgendwelchen Rotlicht-Quartieren eine Bestandsaufnahme der aktuellen Modetrends zu machen und sie dann für die nächsten paar Saisonkollektionen auf sein Programm zu nehmen. Zum Wettbewerb in Sachen Attraktivität sind natürlich auch die männlichen Halbweltler geladen, egal ob sie selber anschaffen oder nicht. Auch der Freund und Beschützer von Frauen, der Salon- und der Bordell-Besitzer, müssen sich in der richtigen Art und Weise vom gängigen Kunden abheben. Das tun sie mit Hilfe besserer Muskulatur, schöneren Schmucks, schönerer Kleidung, schönerer Autos oder Tattoos...

Zeiten stärkerer Duldung von Halbwelt-Aktivitäten zeichnen sich immer dadurch aus, dass auch die männlichen Halbweltler bunter, prunkvoller, kurz auffälliger werden. Schlägt dann das Klima wieder einmal um, buchstabieren sie für eine Zeitlang zurück, um bei erneuter Liberalisierung wieder «aufzublühen».

Wie die Frauenmode des Milieus schaffen es auch Elemente der Herrenmode mit einer gewissen Verspätung in die Oberwelt, so etwa das weitgehend offene Hemd, das die glatt rasierte, gebräunte, muskulöse Brust und allenfalls noch etwas Schmuck sehen lässt. Aparterweise lässt die Legalisierung von Prostitution und Bordellen die Anstrengungen der Bordellbesitzer ums Auffallen eher abnehmen. Hier wandern Modevorstellungen von der Ober- in die Halbwelt: Der Betreiber eines legalen Bordells gleicht heute lieber einen ganz gewöhnlichen Betriebsleiter als den solariumgebräunten, schmuckbehängten Muskelpaketen, die vor ein paar Jahren noch den Ton angaben.

- *Ersatzfamilie:* Immer wieder hört man schwärmerische Beschreibungen der Halbwelt-Familie und der in ihr bestimmenden Solidarität. Solche Hohelieder singen sowohl Personen, die ihre erotischen Dienstleistungen anbieten, als auch Halbweltler und Halbwelterinnen, die erotische Etablissements besitzen. Das klingt dann beispielsweise so: «Wenn du in eine fremde Stadt kommst, abgebrannt bist und ackern willst, dann findest du gleich eine Frau, die dir einen guten Platz zum Anschaffen zeigt. Die eine leiht dir ihre Schuhe, die andere ihre Wäsche, die dritte hilft dir beim Schminken und Frisieren, und schon kannst du im Fenster sitzen und ackern.»

  Die Vorstellung, dass die Halbwelt eine große Familie für ihre Angehörigen sei, bildet einen sehr intensiven Anreiz zum Einstieg. Wenn sich die Vorstellungen mindestens teilweise bewahrheiten, ist der Zusammenhalt ein ähnlich starker Anreiz zu bleiben. Und oft bewahrheiten sie sich ein Stück weit. Denn in der Halbwelt pflegt man ein enormes Zusammengehörigkeitsgefühl, was natürlich nicht ausschließt, dass man sich gelegentlich als Konkurrent oder Konkurrentin auch gewaltig nerven oder Steine in den Weg legen kann.

  Die resultierende Gemeinschaft hat eine Attraktivität, der sich auch der bloße Beschauer kaum entziehen kann. Dabei ist das, was man gemeinhin als das «bunte Treiben in Rotlicht-Gebieten» bezeichnet, also das Leben zur Geschäftszeit und mehrheitlich am Arbeitsplatz, wesentlich uninteressanter als das Bild, das die Halbwelt bietet, wenn sie «ganz unter sich ist».

  Dann geht es nicht mehr ums Geschäft, abgesehen davon, dass man vielleicht erzählt, wie gut es in der Nacht lief. Hier geht es um Erfahrungsaustausch, um Freizeitgestaltung, um Klatsch, sogar sehr viel Klatsch. Hier ist man quasi außer Dienst. Der nor-

male Kunde bekommt diese Seite des Milieus aus mehreren Gründen selten mit. Erstens interessiert es ihn in der Regel nicht. Zweitens trägt er Bedenken, ob er zugelassen würde. Dabei kann er wie irgendein Oberweltbeobachter die betreffenden Lokale zur richtigen Zeit aufsuchen, sofern es sich nicht um Privat-Clubs und geschlossene Veranstaltungen handelt – niemand wird ihm den Zutritt verwehren.
Drittens wird er stets ein Außenseiter bleiben, den man praktisch nicht beachtet, und er sollte sich mit dieser Außenseiterrolle zufrieden geben.
Außerdem tut derjenige, der die Halbwelt in dieser Zeit beobachten will, gut daran zu beachten, dass es in jeder größeren europäischen Stadt wie auch in jeder größeren außereuropäischen Stadt die «Stunde der Idioten» gibt. Sie liegt nicht überall gleich. In Zürich zum Beispiel werden in den frühen Morgenstunden zwischen fünf und sieben Uhr die meisten schweren Delikte mit Messerstechereien und so weiter begangen, und deshalb ist der frühe Morgen von arbeitsfreien Tagen am gefährlichsten. Um diese Zeit leeren sich jene Clubs, die als letzte schließen und stellen ihre Sammlung übernächtigter, betrunkener, verkokster, überreizter Festbrüder auf die Straßen.

- *Glamour:* In der Halbwelt wird Understatement recht klein geschrieben. Hier will man – oft über das Ratsame hinaus – zeigen, was man hat und dies nicht nur innerhalb der Halbwelt, sondern auch gegenüber der Oberwelt. Denn von dieser fühlt man sich ausgegrenzt, mitunter sogar verachtetet und ausgenutzt. Also sollen auch die sehen, was man sich leisten kann.
Vielfach können sich Angehörige der Halbwelt viel leisten. Ihre Welt mit ihren Erotik-Unternehmungen und Erotik-Attraktivitäten bildet einen riesigen Markt, der überdies relativ krisenfest ist. Für eine attraktive Frau, die in die Halbwelt einsteigt, ist es zumindest unter mitteleuropäischen Verhältnissen leicht, gut zu verdienen und vor allem mit weniger Zeitaufwand deutlich mehr zu verdienen als anderswo. Solcher Erfolg wird dann gern gezeigt.

- *Die Unsichtbarkeit der Schattenseiten und des Alltäglichen:* Wo dermaßen oft nicht das Sein, sondern der Schein entscheidet, muss jedermann lernen, Schattenseiten zu kaschieren. Der normale Besucher macht seine Besuche nicht, um mit irgendwelchem Elend konfrontiert zu werden. Er macht sie auch nicht, um dem Alltag, wie er ihn kennt, zu begegnen. Er möchte im Glauben an den Schein und an seine Vorurteile nicht gestört werden. Also stört man ihn nicht, sondern belässt ihn beispielsweise bei seinem Glauben, dass in der Halbwelt feste familiäre Verhältnisse praktisch ausgeschlossen seien, weil die Halbwelt-Frau mit beliebigen Männern ins Bett gehe. Das Klischee ist, wie bereits erläutert, blanker Unsinn, und die Praxis zeigt das Gegenteil.

Wie Sie sehen, habe ich mir eine Heidenmühe gegeben, den speziellen Anreiz der Halbwelt zu erklären. Ich denke, alles Präsentierte stimmt einigermaßen. Ich weiß, es ist lückenhaft. Und ich weiß, dass sich das Wichtigste mit einer solchen Aufzählung nie fassen lässt, sondern eher mit einem Vergleich sichtbar gemacht werden kann. Wir alle wollen neue Welten entdecken und sind ständig auf der Suche nach geeigneten Destinationen. Wir tun es, egal wie gut es uns gehen mag. Es scheint ein Grundbedürfnis zu sein. Manche sind bereit, dafür sogar ihr Leben aufs Spiel zu setzen. Alle wissen: Für nichts gibt es nichts und lassen sich ihre Entdeckungsreisen so viel kosten, wie das Erlebnis ihnen wert ist. (Wobei sie sich hie und da gründlich verrechnen.) Die Auswahl an Welten, die man neu entdecken kann oder in denen man auf Entdeckungsreise gehen kann, ist begrenzt.

Entsprechend verlockend wirken Halb- und Unterwelt. Die Halbwelt signalisiert – wie die Unterwelt – bereits mit ihrer Bezeichnung, es sei da alles anders und viel zu entdecken. Die Unterwelt ist den meisten – zu Recht – unheimlich. Aber die Halbwelt mit ihrer echten oder scheinbaren Buntheit, ihrer dosierten Verruchtheit, ihren kontrollierten Quasirisiken lädt ein, eine Expedition auszurüsten, was in der Regel einfach auf viel Geld einstecken hinausläuft, und aufzubrechen.

Weganreize

Das Thema des im Menschen verankerten ökonomischen Effizienzprogramms ist bereits mehrfach zur Sprache gekommen. Zu den grundlegenden Thesen – vielleicht auch Banalitäten – dieses Buches gehört, dass in uns allen ein solches Effizienzprogramm steckt, naturgegeben, geschaffen durch Zuchtwahl und irgendwie «abgespeichert». Beweisen im exakt-wissenschaftlichen Sinne lässt sich der Bestand des ökonomischen Effizienzprogramms nicht. Doch zum einen ist sehr unwahrscheinlich, dass wir völlig unprogrammiert dem Zufall überlassen sind, und klar widersinnig, dass wir darauf programmiert sein könnten, beliebig komplizierte Wege zu wählen.

Zum anderen existieren Beispiele dafür, dass wir bei der Wegewahl grundsätzlich auf Sparsamkeit programmiert sind, und zwar in solchen Mengen, dass wir die Häufung von Zufällen als Erklärung vergessen können. Natürlich haben nicht bloß wir ein solches Programm. Wir sind auch da nichts Besonderes. Wir beobachten ökonomische Effizienz bei praktisch allen Lebewesen, die unserer Beobachtung überhaupt zugänglich sind. Überall sorgt die Natur via Zuchtwahl dafür, dass diejenige Lebensform sich durchsetzt, die im Wesentlichen effizient vorgeht, also Fehler ebenso vermeidet wie unnötigen Aufwand.

Über unserem ökonomischen Effizienzprogramm liegen wie ein mehr oder weniger dickes Furnier andere Regelsysteme, also Ethik, Moral, Gesetze. Sie ersetzen es nicht. Sie können es nicht ändern. Sie selbst und alle, die mit ihnen zu tun haben, tun gut daran, das zu realisieren. Hingegen können sie das alte Programm um neue Regeln ergänzen und so versuchen, unliebsame Ergebnisse zu verhindern.

Bei alledem sind neben den Zielanreizen auch Weganreize und Rahmenanreize bestimmend. Mit dem Begriff Weganreiz bezeichne ich jeweils die bewusste Nutzung jener Bedingungen, die gemäß unserem Effizienzprogramm zur Realisation der Zielanreize beitragen. Einige von ihnen sollen im Folgenden vorgesellt werden. Auch jetzt erhebt die Zusammenstellung keinerlei Anspruch auf Vollständigkeit. Das Schwergewicht liegt auf jenen Anreizen, die besonders oft oder augenfällig zur Entscheidung pro Einstieg in die Unterwelt und in die Halbwelt beitragen können.

Allgemeiner Zugang

Viele Wege in der Oberwelt sind nicht oder nur bedingt öffentlich. Um sie einschlagen zu können, muss man bestimmte Anforderungen erfüllen. Man muss Prüfungen bestehen, man muss eine Ausbildung vorweisen, man muss Erfahrung vorweisen, man muss Erfolge ausweisen – lauter Anforderungen, denen viele nicht genügen können.

Unterwelt und Halbwelt sind anders: Hier muss man nichts «mitbringen» außer sich selbst. Generell klassifizierte Voraussetzungen für irgendwelche Tätigkeiten oder Positionen gibt es nicht. Niemand nimmt dem Safeknacker eine Fachprüfung in Theorie und Praxis ab, bevor der an die Arbeit gehen darf. Man kann viel leichter einsteigen, probieren, Erfolge sammeln – oder halt Misserfolge. Jeder kann hier zeigen, was er zu bieten hat.

Freier Zugang bedeutet nicht, dass in der Unterwelt oder Halbwelt Ausbildung und Berufserfahrung kein Vorteil wären und nicht gefragt wären. Der erfolgreiche Tresorknacker, der «kalt» öffnet, verfügt meist über eine solide Schlosserausbildung, weil sich ihm ohne solche nur wenige Safes «erschließen». Der Tresorknacker, der «heiß» öffnet, verfügt mit Vorteil über eine Ausbildung als Sprengmeister oder zumindest über eine militärische Sprengfachmann-Ausbildung und einiges an privater Weiterbildung, davon abgesehen, dass für beide eine gewisse IT-Ausbildung notwendig ist.

Für den, der ein größeres Halbweltunternehmen führt, kann eine Ausbildung auf dem Gebiete des Managements oder der Jurisprudenz äußerst vorteilhaft sein. Aber nichts davon ist Zulassungsbedingung.

Einfachkeit bei Planung und Ausführung

In der Oberwelt wird ständig danach gerufen. Aber nur wo die Konkurrenz es erzwingt, wird auch entsprechend gehandelt. Anderswo fällt die Wahl viel öfter auf Kompliziertes und Aufwändiges, als langfristige und komplexe Strukturen es erzwingen würden.

Erfolg hat in erster Linie derjenige, dem es gelingt, mit einem einfachen Plan ohne hohen Arbeitsaufwand und ohne hohen logistischen Aufwand zum Ziel zu kommen. Für die einfachste der Möglichkeiten spricht *überall* die Kosten-Nutzen-Rechnung und in deren Rahmen vor allem dies: Der komplizierte Plan, der komplizierte Aufbau ist regelmäßig pannenanfälliger als ein einfacher Plan oder Aufbau. Ein raffiniert-kompliziertes Abrechnungssystem in einem erotischen Betrieb garantiert für Ärger. Es passieren Fehler, hinter denen der jeweils Benachteiligte bald einmal Absicht wittert.

Eine nochmals verstärkte Neigung zur Einfachheit finden wir bei Unterwelt-Aktivitäten. Komplizierte Pläne sind meist den mitunter durchaus reizvollen Kriminalromanen und Kriminalfilmen vorbehalten. In *real life* heißt es in der Regel: «Wir gehen rein und nehmen es ihm weg.»

Wenn in der Wirtschaftskriminalität oft ungemein komplex anmutende Konstruktionen und Manöver auftauchen, enthalten aus der Nähe betrachtet auch sie meist einen sehr einfachen Mechanismus aus eher simplen Elementen.

Stets werden Gier und/oder Sicherheitslücken mit Manövern ausgenützt, die man oft als primitiv bezeichnen kann. Bei Anlagebetrügen etwa lautet das Rezept: «Ich erzähle einen Riesenmist, der blinde Gier weckt, ich sacke die Anlagegelder ein und haue ab.» Meist ist der Aufwand dafür gering, wenn man ihn mit dem Aufwand vergleicht, den man für legale Aktivitäten, die zu ähnlichem Erfolg führen können, treiben müsste, denn man braucht bloß Fassaden.

Manche Kombination von Gier weckenden Elementen, die in der Wirtschaftskriminalität zu wirklichem Erfolg führt, ist schon fast genial einfach. So trat in Norddeutschland ein vermeintlich vornehmer Norweger auf, der verschiedenen Geschäftsleuten erklärte, er habe in einem bestimmten entlegenen Fjord einen Geruch wahrgenommen, der sich nur mit einem Erdölvorkommen erklären lasse.

Fachleute hätten ihm Recht gegeben und präzisiert, es müsse sich um ein großes Vorkommen handeln. Es gehe nun darum, für eine eigens dafür zu schaffende Investorengruppe die Schürfrechte zu sichern. Garniert war das Ganze mit einem Haufen imposant wirkender norwegischer Dokumente. Was Sie jetzt beim Lesen als «Mission Impossible» taxieren, hatte gewaltigen Erfolg. Offenbar sind dem Geschäftsmann mit der feinen Nase über hundert Millionen Euro von Investoren zugeflossen, damit er ihnen die Nutzung der Erdölreserven Norwegens verschaffe – was nach norwegischem Recht gar nicht möglich ist.

Großer Erfolg im Verhältnis zum Aufwand

Effizienz in der Form eines möglich guten Kosten-Nutzen-Verhältnisses ist überall gefragt, wo es darum geht, die Konkurrenz auszustechen. Der gewiefte Wirtschaftsmanager wird jede Chance nutzen, mit geringerem Aufwand den gleichen oder gar einen größeren Erfolg zu erzielen. Halbwelt- und Unterwelt-Aktivitäten zeichnen sich vielfach dadurch aus, dass der Erfolg, verglichen mit dem Aufwand, groß ist und mitunter alles mit vergleichbarem Aufwand in der Oberwelt Erreichbare in den Schatten stellt. So können bei einem großen Raub etwas Planung und eine relativ kurze einmalige Aktion ausreichen, dem Räuber Gelder zu verschaffen, an die er unter legalen Umständen bloß mit einem Lottotreffer herankommen könnte.

Vom Kosten-Nutzen-Verhältnis in der Wirtschaftskriminalität ist bereits die Rede gewesen. Wegnehmen – das ist eine Binsenwahrheit – ist nun mal leichter als selber machen, also den entsprechenden Wert mit solider Arbeit selbst schaffen. Bezahlt irgendwer für irgendeine Unterwelt-Dienstleistung ein hohes Honorar, so ist die von ihm bezahlte «Arbeit» weit einträglicher als eine legale: Auftragsdelikte sind teuer. Eine junge Frau kann gleich viel verdienen, wenn sie einige Stunden pro Woche in einem Erotik-Unternehmen arbeitet, wie wenn sie einen 100-Prozent-Job als Verkäuferin in einem Warenhaus oder als Friseuse hätte.

Durchlässigkeit

Durchlässigkeit wirkt als Weg- wie als Rahmenanreiz. Sie bedeutet, dass keine verhärteten Strukturen und kein eingefahrenes Prozedere der eigenen Aktivität im Weg steht. In der legalen, etablierten Welt gibt es derlei haufenweise. Wer nichts von ihnen hält, spricht von Filz oder gar von Mafia. Gemeinsam ist ihnen allen, dass man den Außenstehenden aus Konkurrenzgründen nicht ohne Weiteres zulässt und machen lässt. Man versucht ihn so lange wie möglich draußen zu halten.

Geht es um Durchlässigkeit, stehen Halb- und Unterwelt klar besser da. Kurzfristigkeit der Unternehmen und schnelle Wechsel sorgen für eine starke Durchlässigkeit. Sehr schnell zeigt sich, wer das Zeug zum Aufsteigen oder auch nur zum Bleiben hat. Wer es nicht hat, ist schnell weg vom Fenster oder sitzt, und sein Platz ist frei – für andere, die es probieren wollen.

Sogar dort, wo Gruppierungen und etablierte Institutionen bestehen, ist man meist zu sehr darauf angewiesen, den jeweils Tüchtigsten nachzuziehen oder aufsteigen zu lassen, als dass man sich viel Inzucht leisten könnte. Ganz sind natürlich auch Unterwelt-Strukturen oder Halbwelt-Strukturen nicht gegen die Bildung von Filz gefeit, vorausgesetzt, sie bestehen lange genug. So ist zum Beispiel bekannt, dass es in der sizilianischen Mafia Angehörige und Söhne von Mafiosi grundsätzlich leichter haben, Mitglieder zu werden, als rein Außenstehende. Schon die Bekanntschaft mit den Angehörigen der betreffenden Gruppierung fördert die Möglichkeit einer Aufnahme und Karriere. Doch auch hier leistet man sich den Luxus nicht, vielversprechende Bewerber von draußen abzuweisen zugunsten des unbedarften Filius oder Schützlings eines Mitgliedes.

So sind etablierte Strukturen, die jemanden trotz seiner Fähigkeiten nicht aufsteigen lassen, ein fragwürdiges Privileg der legalen Oberwelt-Wirtschaft, der Parteiapparate, Verwaltung, Justiz und so weiter.

Für denjenigen, der in der Oberwelt vor geschlossenen Türen steht und sich keine Chance ausrechnen kann, sie aufzukriegen, ist die Durchlässigkeit der beiden anderen Welten ein wichtiger Weg- und Rahmenanreiz. Auf diesen Anreiz können Staat und Wirtschaft durchaus Einfluss nehmen, denn je leichter es dem Tüchtigen fällt, in die etablierten Strukturen einzudringen, desto geringer wird für ihn die Versuchung, auf Halbwelt- oder Unterwelt-Wege auszuweichen. Man muss also «nur» eines tun: bei der Auswahl, Förderung, Beförderung primär auf die Fähigkeiten abstellen. Das klingt nun allerdings einfacher, als es ist. Filz ist *per definitionem* zäh.

Geschwindigkeit

Viele Bergwanderer kennen nur die Abkürzung, egal wie viel Zeit man eigentlich hätte und wie langweilig und/oder mühsam der Weg sein mag. Denn man ist eine Stunde rascher oben und sogar anderthalb Stunden rascher wieder unten. Heureka, man hat zweieinhalb Stunden Zeit gespart. Solche Wanderer folgen dem tief verwurzelten Effizienzanreiz, den der schnellere Weg bietet. Der langsamere Weg muss viel versprechen, wenn er den schnelleren ausstechen soll. Denn das Programm setzt ihn vorerst einmal gleich mit dem mühsameren Weg.

In der Oberwelt sind die Abkürzungen nicht überall so häufig wie in den Wandergebieten. «Ein jedes Ding braucht seine Zeit.» Entsprechend gerne lassen wir uns schnelle Erfolge versprechen. Von der Unwiderstehlichkeit der Aussicht auf schnelles Geld leben Lotterie und Spiel. Von ihr lebt ein Stück weit auch die Börse, egal wie sich Banken, Anlageberater, Finanzzeitschriften bemühen, Börsenvorgänge als vernunftgesteuert – und voraussehbar – hinzustellen.

Noch wesentlich gefährlicher ist der Schnelligkeitskult im Management. Je höher jemand in der legalen Wirtschaft aufsteigt, desto höher wird das Gewinn- und Schadenspotenzial seiner Entscheidungen. Entscheidungen über grundlegende Verträge, Verbindungen von Firmen, insbesondere Fusionen, Unternehmenskäufe, brauchen für riesige finanzielle Auswirkungen mitunter sehr wenig Zeit. So führte der Kauf von Chrysler durch Daimler-Benz in kürzester Zeit zu einem Riesendesaster. Andererseits können gerade Unternehmenskäufe, wenn sie wirklich durchdacht sind und zu Synergien führen, zu wesentlichen Profitzuwachsen führen.

In eine andere Grauzone gehören manche Opfer von Wirtschaftskriminalität. Jeder Wirtschaftskriminelle bietet letztlich das Gleiche an: viel Geld, und das schnell und fast von selbst. Denn er weiß, dass er mit gierbedingter Unvorsichtigkeit bis hin zur Blindheit rechnen darf, wenn er dem richtigen Adressaten den richtigen Bären aufbindet. Als Kuriosum verdient erwähnt zu werden, dass ausgerechnet Wirtschaftskriminelle ihrerseits oft auf Wirtschaftskriminelle hereinfallen und nicht merken, dass ihr Vis-à-vis mit den gleichen Techniken wie sie selber die gleiche Gier zu Geld macht. Bloß der aufgebundene Bär sieht ein bisschen anders aus.

Die Halbwelt mit ihren Erotik-Unternehmungen ermöglicht vielen Personen größere Gewinne in kürzerer Zeit, als andere Aktivitäten das erlauben würden. Die Frau, die erfolgreich der Prostitution nachgeht, kann die Geschwindigkeit ihres Gelderwerbes vervielfachen. Lange nicht jede Frau ist erfolgreich, und manche erfolgreiche Frau verliert ihre Gewinne wieder, wofür oft ein ausbeuterischer Partner sorgt. Aber auch Fehlinvestitionen aller Art – etwa in ein eigenes Unternehmen, das dann pleite geht – oder rauschhaftes Konsumverhalten oder Drogen tun den Dienst. Erfolglosigkeit oder Verlust des Gewonnenen ändern aber nichts daran, dass sich im Erotikgeschäft in kurzer Zeit viel Geld machen lässt, was einen gewaltigen Anreiz setzt, einzusteigen und drinzubleiben.

Klammert man Lotteriegewinne, Börsenspekulationen großen Zuschnitts und den Kauf eines echten Rembrandt auf dem Flohmarkt mal aus, ist das Verhältnis des Ertrages pro Zeiteinheit nirgends so groß wie bei großen Vermögensdelikten. Riesige Gewinne in kürzester Zeit sind möglich und kommen hie und da vor.

Der Kick

Schnell und leicht gewonnenes Geld ist vielfach noch ein bisschen mehr wert als sein Betrag in Euro, weil der *Kick* dazukommt. Das

Wort ist schon mehrmals gefallen. Physiologisch ist das, was unter dem Namen Kick heute eine Goldgrube bildet, etwas recht Einfaches, nämlich eine Adrenalin- und Endorphin-Ausschüttung. Endorphine sind endogene Morphine, die vor allem Schmerz- und Hungergefühle reduzieren.

Ihre Ausschüttung gehört zum Notfalldispositiv des Körpers, doch reicht bereits eine sehr starke Spannung ohne alle Not. Dann resultiert ein Glücksgefühl, was den Endorphinen den Namen Glückshormone eingetragen und die Endorphinausschüttung zu einem Kultgegenstand unserer Zeit gemacht hat. Morphine sind auch dann Morphine, wenn sie *home made* sind: Das Glückserlebnis, der Kick kann abhängig machen. Sehr oft ist die Endorphinausschüttung gemeint, wenn vom ebenso populären und gesuchten Adrenalinschub die Rede ist, und vice versa. Medizinisch fällt die Unterscheidung leicht: Adrenalin ist das Hormon, das im Blick auf Kampf oder Flucht die physische Leistungsfähigkeit erhöht, indem es die Blutzirkulation beschleunigt, zurzeit Unwichtiges wie die Verdauung abschaltet und so weiter. Wieder braucht es nicht zwingend den echten Notfall – es reicht, wenn der Körper glaubt, es sei so weit. In der Umgangssprache heißt Adrenalin – mäßig verlockend – Stresshormon, und Glücksgefühle verschafft es bloß indirekt, indem es eine Leistung gestattet, die glücklich macht.

Nach dem Kick sucht auch der Nichtsüchtige. Hier eine kleine Auswahl dessen, was wir auf der Suche nach dem Kick an Legalem machen und teilweise teuer bezahlen:

- Wir spielen Videogames.
- Wir gehen ins Casino und spielen.
- Wir gehen ins Kino für Spannung und Erschrecktwerden.
- Wir besuchen die Kirchweih und fahren mit der Achterbahn und ihren moderneren, viel effizienteren Konkurrenten.
- Wir gehen im Sport an die Grenzen, indem wir tief tauchen, frei klettern, auf praktisch senkrechten Schneefeldern snowboarden, Geschwindigkeitsrekorde aller Art aufstellen.

Manchmal gehört der Kick zwingend zur Arbeit. Der Moment hochwichtiger Entscheidungen sorgt für ihn. Auftritte tun es. Der Moment der Urteilseröffnung sorgt nicht bloß beim Angeklagten für Hochspannung, sondern auch beim Verteidiger, falls der nicht ein Phlegmatiker ist oder bereits Bescheid weiß.

Je größer die Spannung und je knapper die Zeit für Aufbau und Entladung, desto größer der Kick. So kann nicht überraschen, dass auch die Unterwelt eine reiche Auswahl an großen Kicks bietet. Nehmen wir den Wirtschaftskriminellen, der bloß noch auf die Enter-Taste drücken muss, damit aus seinem vorbereiteten Betrug ein ausgeführter wird. Der Bankräuber, der die Waffe zieht und seine Forderung bekannt gibt, der Safeknacker, der endlich die Türe des Safes öffnen kann, die beiden jungen Machos, die vom Wortgefecht zur Schlägerei übergehen ... Gerade bei jungen Straftätern kann der Kick vom bloßen Wegreiz zu einem Selbstzweck, also einem Zielreiz werden, der alle anderen in den Hintergrund treten lässt.

Rahmenanreize

Wir wollen unsere Ziele möglichst angenehm, möglichst effizient erreichen können. Machen die Rahmenbedingungen einen Weg schwierig, so wählen wir wenn möglich einen anderen. Machen die Rahmenbedingungen alle Wege schwierig oder unangenehm, so kann es sein, dass wir das Ziel – wenngleich vielleicht bloß vorübergehend – fallen lassen. Sämtliche erkennbaren Rahmenbedingungen oder unsere Vorstellungen von ihnen setzen Rahmenanreize – seien es negative oder positive – für unsere Entscheidung. Von den Wegreizen lassen sich die Rahmenanreize theoretisch dadurch unterscheiden, dass sie das Material liefern für die Weganreize. Praktisch allerdings können Einfachheit, Durchlässigkeit, Hilfe von Kollegen und ähnliches zuerst einen Rahmen- und dann einen Weganreiz bilden.

Auch Rahmenanreize wirken nicht nur im illegalen Bereich oder im Halbweltbereich. Jeder, egal was er erreichen will, berücksichtigt die Rahmenbedingungen, von denen er weiß, und wählt danach seinen Weg und seine Mittel. Verfolgt er ein wirtschaftliches Ziel, so berücksichtigt er unter anderem Konkurrenzsituation, Lieferbarkeit von Rohmaterialien, Importvorschriften für Rohmaterialien, Steuerbestimmungen, örtliche Steuervorteile oder Optimierung von Produktionsabläufen. Hat er sich verliebt und möchte er, dass auch sie sich verliebt – in ihn natürlich –, so berücksichtigt er Konkurrenzsituation, Stärken und Schwächen aller, die Vorlieben der Freundin, die einsetzbaren Mittel ... Dass derjenige, der balzt, bei einer solchen Analyse manchmal pfuscht, kam in Zusammenhang mit Straßenrennen und Rasern zur Sprache. Gerade junge Männer stimmen ihr Imponiergehabe oft viel zu sehr auf Regeln unter Männern ab, die von den Frauen missbilligt oder verlacht werden. Aber nicht bloß Verliebtheit und andere Emotionen sorgen für Fehlbeurteilungen. Die Menschen sind allgemein unterschiedlich begabt, Rahmenbedingungen zu überblicken und sinnvoll in ihre Entscheidungen einzubeziehen.

Das Spektrum der Rahmenanreize reicht von globalen Ereignissen bis zu örtlich und zeitlich sehr eingeschränkt wirksamen Bedingungen. Sie sind ungeheuer vielfältig, und das, was im Folgenden etwas näher vorgestellt werden wird, kann nur Illustration sein und keinerlei Anspruch auf Vollständigkeit erheben. Vor allem gewisse Rahmenanreize können den kriminellen Weg oder Halbweltweg als besonders attraktiv erscheinen lassen. So liegt das Schwergewicht auf ihnen. Sie würden sich, wollte man *à tout prix* Ordnung schaffen, im Groben vielleicht auf folgende Bereiche verteilen lassen:

- Gesetzliche Regelung
- Vorhandensein einer Staatsgewalt, welche in der Lage ist, die gesetzliche Regelung durchzusetzen
- Faktische Machbarkeit
- Sinnvolles Verhältnis zwischen Aufwand und Ertrag
- Wahrscheinlichkeit der Entdeckung

Die folgende Auswahl ist anders konzipiert. Sie beginnt mit ein paar sehr großen Rahmenanreizen und endet bei den kleinen, das heißt konkreten Umständen eines Einzelfalles. Will man einen gemeinsamen Nenner für sie alle suchen, erinnert man sich am besten an die alte Weisheit: «Gelegenheit macht Diebe.»

Kriege und kriegsähnliche Ausnahmezustände

In Kriegszeiten konzentriert sich die staatliche Gewalt zwangsläufig auf die Kriegshandlungen. Das kann zu einer extremen Ausweitung der staatlichen Präsenz im Hinterland führen. Umfassende Kontrollmaßnahmen werden ergriffen, ein Spitzelwesen wird aufgebaut, die Zivilbevölkerung wird moralisch unter Druck gesetzt oder aufgehetzt.

Der Rest, meist der größte Teil der noch vorhandenen staatlichen Gewalt, wird für direkte Kriegshandlungen, also für Töten/Kampfunfähigmachen und Zerstören/Unbrauchbarmachen eingesetzt. In vielen Kriegen gibt es zumindest im Frontgebiet praktisch keine Staatsmacht mehr, die für Ordnung sorgen kann. Gleiches gilt für zerstörte Gebiete, Gebiete mit Flüchtlingsströmen und Ähnliches. Zwar setzen Kriege das jeweilige Landesrecht nicht außer Kraft. Es gibt sogar ein Kriegsvölkerrecht, und ganz gelegentlich wird ein Kriegsverbrecher zur Verantwortung gezogen.

Aber das alles sind Tropfen auf einen heißen Stein, wenn man sie Folgendem gegenüberstellt. Töten und Zerstören werden als Kriegshandlungen plötzlich zu einer Verpflichtung statt zu einer verbotenen Handlung. Die Bevölkerung des jeweils gegnerischen Staates wird als direktes Ziel dieser Handlungen deklariert und freigegeben oder zumindest als Feind eingestuft. Damit wird die moralische Wertung von gegen diese Bevölkerung gerichteten Handlungen eine völlig andere als in Friedenszeiten.

Das Risiko, in irgendeiner Form für Delikte gegenüber dem Gegner zur Verantwortung gezogen zu werden, ist gering. Kompetenzen und praktische Möglichkeit der zivilen Organe, einschließlich Polizei und Justizorgane, gegen Delikte vorzugehen, sind massiv eingeschränkt. Das gilt nicht nur für Frontgebiete. Es gilt auch für Gebiete mit Zerstörungen, Zusammenbruch der Infrastruktur, durchmarschierenden Truppen. Es gilt mitunter für Besatzungsgebiete – obschon die besetzende Kriegspartei in der Regel betont, wie sehr sie für Ordnung sorge.

Kriege lösen durch den Zusammenbruch der normalen Infrastruktur Not aus. Der Einzelne ist viel stärker als in Friedenszeiten darauf angewiesen, sich «durchzukämpfen», sich selbst das zum Überleben Wichtige zu verschaffen, sich selbst Recht zu verschaffen. Häufig bleibt der Schwarzmarkt das Einzige, was an Wirtschaft noch funktioniert. Ziviler Schutz von Eigentum, körperliche Unversehrtheit und so weiter besteht in wesentlich geringerem Rahmen als sonst. Somit ist auch das Risiko, in irgendeiner Form für Delikte im eigenen Land zur Verantwortung gezogen zu werden, gering, und selbst drakonische Strafen – etwa für Plünderungen – kompensieren das nicht. All diese Faktoren bewirken, dass in Kriegszeiten nicht nur für den Soldaten, sondern auch für den Zivilisten erhebliche Anreize bestehen zu delinquieren.

Der Schwarzmarkt, den jede Gesellschaft auch in Friedenszeiten kennt, ist insofern interessant, als er sich in vieler Hinsicht in einer ähnlichen Grauzone bewegt wie die Halbwelt. Kennzeichnend für ihn ist: Er bestimmt in urliberaler Form seine Preise allein nach Angebot und Nachfrage und kennt grundsätzlich keine Hemmungen, Notsituationen für die Preisbildung zu nutzen. Er nimmt auch keine Rücksicht auf staatliche Vorschriften. Er regelt sich selbst. In Krisenzeiten ist er Fluch und Segen in einem. So mögen Medikamente in Bürgerkriegszeiten nur noch hier und für horrende Preise erhältlich sein. Oft genug ist aber der Schwarzmarkt der letzte Garant für die Grundversorgung einer Bevölkerung. Dafür braucht es keinerlei Krieg oder kriegsähnliche Ereignisse. Ein staatliches Regime kann mit seinen Vorschriften den normalen Markt praktisch zum Erliegen bringen. Anschauungsmaterial wird zurzeit vor allem von afrikanischen Regimes geliefert. Verunglückte einzelne Gesetze können in Einzelbereichen Schwarzmärkte neu schaffen oder fördern.

Wohl schon zum ersten aller Kriege gehörte die Plünderung, und dabei ist es bis heute geblieben. Der Portugiese Pinto schilderte in seinem Reisebericht, geschrieben gegen Ende des 16. Jahrhunderts, völlig ungerührt die Plünderung der Stadt Martaban, nachdem ihr König Chaimbanha sie dem Sieger, dem König von Burma, übergeben hatte: «Da der König von Burma fürchtete, dass seine Kriegsleute die Stadt plündern würden, ließ er zur Nacht alle ihre Tore streng bewachen. Seine Absicht war dabei, in aller Ruhe die Schätze des Chambainha an sich zu bringen. Damit waren tausend Mann zwei Tage lang beschäftigt. Danach zog der König auf den Hügel Beidao vor der Stadt und ließ seinem ganzen Heer die Stadt zur Plünderung freigeben. Als das Zeichen dazu mit einem Kanonenschuss gegeben wurde, fielen die Kriegsleute dermaßen über die Stadt her, das sie selbst sich schon an den Toren zu Hunderten erdrückten …»

Wie das Buch zu seinem reichlich deplatzierten Kurznamen «Peregrinaçam» kam, ist mir ein Rätsel: Pinto predigte zwar hie und da Moral, aber er war nicht als Pilgerer, sondern als Glücksritter und Spion unterwegs.

Natürlich ist die Plünderung nach modernem Kriegsvölkerrecht verpönt. Trotzdem ist sie – lokal begangen durch einzelne oder großflächig begangen durch viele Personen – gang und gäbe. Es ist einfach zu verführerisch, bei jemandem, der sich nicht mehr wehren kann, zuzugreifen und sich seine Habe anzueignen. So ist auch dem modernen Krieg der Charakter des Beutezuges erhalten geblieben. Wie will ein Juwelier einer halb zerstörten Stadt oder ein Viehbauer auf dem Land feindliche Soldaten daran hindern, sich ganz einfach zu bedienen?

Guerillakrieg ist keine Spur besser als «normale» Kriege. Übergriffe solcher Art beschränken sich aber nicht auf Angehörige des gegnerischen Staates. Auch die eigenen Landsleute sind gefährdet. Zunächst trifft es Gruppen, die man bereits in Friedenszeiten nicht mochte und denen man nun misstraut. Schließlich trifft es jeden, der noch etwas hat und sich nicht wehren kann.

In Kriegszeiten sind weiter persönliche Übergriffe, Verletzungen der körperlichen Integrität der Bevölkerung stark erleichtert und nehmen dementsprechend zu. So gehörten und gehören zu vielen

Kriegen neben Exekutionen von Zivilpersonen bis hin zu Massenhinrichtungen auch die entweder systematischen oder individuellen Vergewaltigungen von Frauen der jeweils unterlegenen Bevölkerung. Sie dienen nicht nur, oft nicht einmal mehr in erster Linie, der sexuellen Befriedigung – sie demonstrieren grenzenlose Macht.

Auch zu anderen Delikten laden Kriege und die durch sie angerichteten Zerstörungen verstärkt ein. Fallen Bomben, wird kaum bekannt werden, dass man seinem Nachbarn oder seiner Ehefrau eine Stange über den Kopf schlug und ihn oder sie danach zwischen die Trümmer legte. Wo die Kugeln fliegen, kann man als Zivilist ganz unauffällig irgendwen erschießen, den man aus dem Weg haben möchte. Im Zweifel wird niemand Fragen stellen, denn alle haben andere Sorgen. Plündern Soldaten, kann man als Zivilist zumindest Nachlese halten, ohne Gegenwehr befürchten zu müssen. Auch Flüchtlinge auf ihrer Flucht zu berauben scheint ungemein attraktiv zu sein, denn mit einem staatlichen Eingriff ist praktisch nicht zu rechnen. Der Halbwelt verschaffen Kriege spezielle neue Märkte. Jede Truppe garantiert für Kundschaft. Weit übers Mittelalter hinaus folgte jedem Heer eine zweite Heerschar, jene der Prostituierten, Marketender und so weiter. Ein Dienstleistungsheer dieser Form kennt der moderne Krieg nicht mehr, was nicht heißt, dass er keine Strukturen mit solcher Funktion mehr kennt.

Die Anreize, welche der Krieg für die legale Wirtschaft bietet, sind gefährlich groß. Die Kriegsmaschinerie, einschließlich Logistik, braucht Waffen, Material, Nachschub von Lebensmitteln und so weiter. Mit dem Krieg, aber auch schon mit seiner Vorbereitung, lässt sich bei geschickter Bewertung der Rahmenanreize und Rahmenfaktoren so viel Geld machen, dass Aufrüstung und Krieg immer ihre Lobby haben. Weniger gefährlich ist, dass auch der Wiederaufbau erlaubt, in großem Stil Geschäfte zu machen – den Wiederaufbau einer neuen Kriegsindustrie mal ausgenommen.

Grundsätzlich gilt das Gesagte auch für Bürgerkriege und andere innere Wirren. Da hier eingesetztes Material in der Regel weniger schwer ist, die Parteien beispielsweise nur selten über Kriegsschiffe,

Bomberflotten und so weiter verfügen, sind Bürgerkriege für die Kriegsmaterialwirtschaft etwas weniger interessant und stehen für das Anrichten menschlichen und anderen Schadens weniger Mittel zur Verfügung. Das heißt aber nicht, dass ihr Schadenspotenzial geringer wäre: Das Absterben jeden staatlichen Schutzes für private Rechtsgüter und seine Folgen sind in Bürgerkriegen oft besonders ausgeprägt, und das Risiko, für irgendwelche Übergriffe zur Verantwortung gezogen zu werden, wird entsprechend klein. So sind dann Plünderungen, Vergewaltigungen und andere Gewaltdelikte, Vermögensdelikte aller Art und Zerstörungen mindestens so häufig wie im «normalen» Krieg.

Katastrophen und Krisen

Katastrophen wie Überschwemmungen, Erdbeben, ausgedehnte Brände und Krisen wie dürrebedingte Wirtschaftskrisen haben mit Krieg und Bürgerkrieg gemeinsam, dass Not entsteht. Gleichzeitig werden die Eingriffsmöglichkeiten des Staates zur Rechtswahrung geringer. Flüchtende müssen häufig ihr Hab und Gut schutzlos zurücklassen, um das nackte Leben zu retten.

Auch wer zurückbleibt, kann nur noch beschränkt mit staatlicher Hilfe rechnen, wenn Plünderer vor Raub nicht zurückschrecken. Die Überschwemmung von New Orleans führte aller Welt drastisch vor Augen, wie einladend selbst in einem hoch zivilisierten Staat das Machtvakuum wirkt, das eine Katastrophe hervorruft. Natürlich wurden die Übergriffe in diesem Fall noch gefördert dadurch, dass Hilfe spät und dann in jeder Hinsicht unzureichend geleistet wurde. Aber auch sofortige und kompetente Hilfe hätte Plünderungen nicht gänzlich verhindern können. Betroffene Staaten entsenden mit gutem Grund nach Möglichkeit nicht bloß ärztliche Hilfe, Lebensmittel, Zelte in ein Katastrophen- oder Krisengebiet, sondern auch oder als Erstes Militäreinheiten, damit die Ordnung wenigstens einigermaßen aufrechterhalten bleibt oder wiederhergestellt werden kann. Auch andere Delikte als Plünderungen können attraktiver werden, wenn die staatliche Gewalt abnimmt oder ganz entfällt. Was hindert einen, während einer Überschwemmung dem Nachbarn, den man schon lange hasst, beim Ertrinken behilflich zu sein oder die Ehefrau aus dem Boot zu stoßen, die auf einer Scheidung besteht, die einen ruinieren dürfte? Nicht eben viel, wenn die Gefahr einer Untersuchung minimal, das Risiko eines Tatnachweises gleich null ist.

Ungenügen der Staatsgewalt aus anderen Gründen

Fehlen von Staatsgewalt oder deren Einschränkung muss nicht mit kriegerischen Ereignissen, Katastrophen und so weiter zusammengehen. Es genügt schon, wenn ein Gebiet aus geografischen Gründen für die Staatsgewalt innert nützlicher Frist nur schwer erreichbar ist oder wenn die organisatorischen und technischen Mittel der Zentralmacht nicht ausreichen, das Gebiet voll unter Kontrolle zu halten.

Organisiert sich im betroffenen Gebiet dann auch noch eine Widerstandsbewegung, so gleichen die Verhältnisse bald einmal jenen eines Bürgerkriegsgebiets. Mitteleuropa ist von solchen Problemen kaum betroffen.

In anderen Ländern kann mit der Distanz zu dicht besiedelten und gut kontrollierten Gebieten auch die Neigung zunehmen, Dinge zu tun, die man, wäre man näher an der Staatsgewalt, bleiben ließe. In der Einsamkeit von Wüste oder Busch fällt es um einiges leichter, ungestraft ein schweres Delikt zu begehen, als in einer Umgebung, in welcher ganz nach Murphy's Law normalerweise das Dümmstmögliche passiert, hier also das Delikt ruchbar wird und die staatliche Macht durchsetzt, dass ein beachtlicher Teil der Delikte aufgeklärt und geahndet wird. Draußen im Busch sinkt das Risiko, die entsprechenden Kostenpositionen in der Risikoanalyse werden kleiner, der Zeiger schlägt leichter in Richtung Verbrechen aus. Mitunter bilden sich deshalb in solchen Gebieten andere gesellschaftliche Strukturen, welche die Staatsmacht ein Stück weit ersetzen.So können Stammesfürsten alter Machart, War Lords oder sogar Guerillagruppierungen mit den ihnen zu Gebote stehenden Mitteln für Ordnung sorgen, wie sie sie verstehen.

Ein riesiges und besonders interessantes geografisches Gebiet ist das Meer. Rahmenbedingungen, die zu kriminellen Akten einladen, sind ein uraltes Problem der Schifffahrt. Die Gefahr der Piraterie wird desto akuter, je weiter Schifffahrtsrouten von staatlichen Eingriffsmöglichkeiten entfernt sind. Ebenso wächst sie, wenn die betreffenden Schifffahrtsrouten in einem Gebiet staatlicher Unruhe oder gar kriegerischer Unruhe liegen. Dann haben die Piraten die Möglichkeit, ihre logistische Basis in einem der beteiligten Länder aufzuschlagen und quasi als Freibeuter gegen Schiffe der anderen Länder vorzugehen.

Zur Zeit boomt die Piraterie. Krisengebiete, die logistische Möglichkeiten schaffen und den Eingriff einer betroffenen Staatsmacht erschweren, gibt es haufenweise. So sind die Küsten von Afrika und einige asiatische Meeresstraßen mittlerweile geradezu berüchtigt für Piraterie. Wo Piraten sich bei Insurgenten oder War Lords verstecken können, diese gar in ihren Gewinn mit einbeziehen und sich dadurch deren Schutz verschaffen, ist eine Verfolgung äußerst schwierig. Dennoch beschränkt sich die moderne Piraterie im Wesentlichen auf diejenigen Handelsstraßen, die nicht im direkten Einflussbereich und im direkten Interessenbereich von militärischen Großmächten liegen. Diese sind schlicht und einfach zu stark, zu schnell vor Ort und je nach Affront auch bereit, größere Mittel einzusetzen.

Die moderne Piraterie in der Karibik oder entlang den südamerikanischen Küsten rechnet ebenso nüchtern: Wegen der Nähe der militärischen Großmacht USA beschränkt sie sich auf Kleinpiraterie gegenüber Privatjachten (Raub und Entführungen), während Handelsschiffe unbehelligt bleiben. Diese Piraten können davon ausgehen, dass selbst die USA ihre Armee nicht wegen eines entführten Jachtbesitzers aufbieten. Demgegenüber würde sich, wer wesentliche Handelsinteressen der USA durch Eingriffe aus Schifffahrtsstraßen gefährden würde, mit einem übermächtigen Gegner anlegen. Das Meer lädt aber keineswegs nur zur Piraterie ein. Delikte können auch unter Besatzungsmitgliedern, unter Passagieren stattfinden und durch die Weite des Meeres vereinfacht werden.

Ferne und Fehlen der Staatsgewalt bilden aber schon in einem viel, viel kleineren Rahmen einen Anreiz. Spezielle Umstände wie ein großflächiger Stromausfall können Eingriffe erschweren und die Wahrscheinlichkeit des Entkommens für jeden Täter vergrößern. Bereits eine einsame düstere Gasse, in der kaum mit der Polizei zu rechnen ist, kann ausreichen. In schlecht beleuchteten, menschenleeren U-Bahn-Stationen, Unterführungen, Parkgaragen fühlen sich nicht grundlos viele unwohl.

Wäre somit die Omnipräsenz der Staatsmacht, wie der totalitäre Staat sie kennt, das beste Mittel gegen Kriminalität? Weit gefehlt: Wo der Staat zum Polizeistaat wird, übermächtig wird und unkontrolliert schalten und walten kann, entstehen neu ganz andere Anreize. Sie entstehen vor allem für diejenigen, die zum Machtapparat gehören. Der Polizeistaat neigt, wie die Geschichte über Jahrtausende hinweg gezeigt hat, zu übelsten Übergriffen, verglichen mit denen die «normale» Kriminalität geradezu idyllisch wirken kann. Die schwersten Verbrechen der Geschichte haben nicht einzelne Personen, sondern staatliche Organe und ihre Funktionäre begangen, das ging von der Inquisition und Hexenverbrennungen bis zu Völkermorden. Da ist das Risiko eines Einbruchs, eines Raubüberfalls oder einer Messerstecherei vor einer Disco vorzuziehen.

In einer Gruppe agieren können

Für den Normalverbraucher setzt eine Gruppe mindestens ein halbes Dutzend Leute voraus, aber wenn es um die anschließend geschilderten Mechanismen geht, reichen schon drei, reicht oft bereits ein zweiter aus, um alle Mechanismen, die guten wie die unguten, spielen zu lassen. Bei der Bande treffen wir auf ähnliche Grenzziehungsprobleme. Hier sind sie um einiges wichtiger, weil beispielsweise die Schweizer Strafgesetzgebung bei einigen Delikten die bandenmäßige Begehung gesondert behandelt und deutlich härter bestraft. So steht dann in manchen Fällen im Mittelpunkt die Frage, ob eine Bande anzunehmen sei oder nicht. Egal, was Sie und ich denken mögen, der höchstrichterlichen Weisheit genügen bereits zwei

Personen für eine Bande im Sinne des Gesetzes. Und ich verunsichere darum Kollegen gerne mit der Frage, ob in einem solchen Fall auch ein Schizophrener mit sich selbst eine Bande bilden könnte.

Drei Menschen bauen manchmal Mist,
den keiner baut, wenn er alleine ist.

Der Holpervers spiegelt die alte Erkenntnis, dass der Schwellenwert für Taten in der Gruppe niedriger liegt als für Einzeltaten. Der Einzelne fühlt sich von der Gruppe moralisch getragen – sie ist ihm Rechtfertigung, Bühne, Publikum, alles dies in einem. Ob ein paar tausend Demonstranten für oder gegen was auch immer, ein paar hundert Hooligans bei Fußballspielen, ein Dutzend radaumachende Festbrüder auf dem Heimweg, ein paar Jugendliche in der Wohnung, die dank Ferien der Eltern sturmfrei ist: Der Effekt ist immer der Gleiche.

Die Gruppe steigert das Kollektivgefühl, indem sie im Einzelnen das mehr oder weniger berechtigte Gefühl weckt, der Einzelne könne anonym handeln und müsse weniger damit rechnen, zur Verantwortung gezogen zu werden.

Dann schafft die Gruppe Druck: «Wir gehören zusammen. Gemeinsam sind wir stark. Wer nicht mitmacht ....»

Weiterhin garantiert die Gruppe für Publikum. Und sie erlaubt Arbeitsteilung. Alles zusammen erhöht die Gefahr krimineller Handlungen massiv. Nochmals größer wird die Gefahr, wenn sich die Gruppe durch eine Lobby geschützt weiß, wie das bei politischen Gruppierungen der Fall sein kann. Die Gruppe erschwert effektiv, den Einzelnen als Täter zu identifizieren und seinen Tatbeitrag sauber aus dem restlichen Geschehen herauszuschälen.

Da hat beispielsweise eine Massenschlägerei stattgefunden. Es hat über Sachschaden hinaus diverse Leichtverletzte gegeben. Also wird ermittelt. Man eruiert ein paar auslösende Momente. Man kann die meisten Bestandteile des Menschenknäuels mit Namen oder gar mit einschlägigen Vorakten ausstatten. Man regt sich zu Recht über die streitfreudigen Idioten auf. Aber jeder der mehr oder weniger lädierten Bestandteile des Menschenknäuels beteuert mit einem Blick, wie ihn sonst bloß noch junge Hunde hinkriegen, er habe sich bloß schlichtend dazwischengestellt.

Im äußersten Fall schildert er, wie irgendwelche Bösen seine Funktion als Friedensengel ein bisschen missverstanden hätten und er sich darum ein bisschen habe verteidigen müssen. Selbstverständlich nur ungern und selbstverständlich strikt angemessen ... Natürlich kann das nicht stimmen. Wo lauter Friedensengel flatterten, kann es keine Schlägerei gegeben haben.

Lässt sich aber niemandem rechtsgenügend nachweisen, übers Schlichten und Abwehren hinausgegangen zu sein, bleibt nur die Einstellung oder der Freispruch – für alle.

Was gilt, wenn man zwar einem Dutzend Personen nachweisen kann, dass sie weitergingen, aber unklar bleibt, wer nun eigentlich wem wann welche Bierflasche über den Kopf geschlagen, ein Veilchen verpasst (das mir in Akten einmal in der Form des circumokularen subkutanen Hämatoms begegnet ist), einen Tritt in den Bauch gegeben hat. Vielleicht greift «Raufhandel».

Je größer der Konflikt und die Zahl der Beteiligten, desto anonymer der Einzelne und sein Beitrag. Wer aus einer demonstrierenden Gruppe den Stein gegen den Polizisten warf, der dann schwer verletzt im Spital liegt, ist oft so wenig festzustellen wie der Polizist, der einem jungen Demonstration den Knüppel mit voller Gewalt über den Kopf zog und ihn schwer verletzte.

Nicht zu unterschätzen ist auch das Gewicht, welches der Arbeitsteilung zukommt, wie Gruppen sie ermöglichen. Die Arbeitsteilung lässt den Beitrag des Einzelnen kleiner und für ihn selber überblickbarer werden. Sie lässt ihn oft auch harmloser erscheinen, obwohl das Gesamtresultat dank Arbeitsteilung massiv wachsen kann.

Nicht bloß die Gruppe als einfachste, wenigst strukturierte Form zieht an und enthemmt. Auch die Bande und schließlich die kriminelle Organisation tut es. Deren Gefährlichkeit veranlasste und veranlasst moderne Staaten, mit speziellen Bestimmungen den Anreiz der Teilnahme an Banden oder kriminellen Organisationen zu reduzieren. In praktisch allen europäischen Staaten und bei vielen Delikten ist im Übrigen bereits die bandenmäßige Tatbegehung ein qualifizierendes (strafschärfendes) Merkmal.

Anonymität des Geschädigten

Nicht nur die Anonymität des Täters wirkt als Anreiz. In vielen Fällen spielt auch die Anonymität des Geschädigten eine Rolle. Der Mechanismus dürfte der Gleiche sein, der bei eigentlichen Kampfhandlungen spielt: Es gilt als leichter, auf einen Knopf zu drücken, worauf außer Sicht Bomben fallen und Menschen sterben, als im Nahkampf von Hand zu töten.

Beim Raub, bei allen Gewaltdelikten, bei der Entführung steht man dem Opfer direkt gegenüber und sieht alles, was man anrichtet – das verhindert nicht all solche Taten, aber doch viele. Betrügt man eine Bank, sieht es ganz anders aus. Denn nirgends sind die Distanz zum Opfer, dessen Anonymität und die enthemmende Wirkung größer als dort, wo eine juristische Person als Geschädigte ins Spiel kommt.

Wer Post, Telekom, Banken, Versicherungen, andere Großunternehmen oder aber den Staat schädigt, profitiert von der Wahl eines solchen Opfers in doppelter Hinsicht.

Erstens hat er zumindest vor der Tat keinen Menschen vor Augen, der ihm leid tun muss. Meist sieht er auch nachher keine Geschädigten, die ihm leid tun müssten. Eine juristische Person schreit nicht, blutet nicht, klagt nicht. Wenn sie «stirbt», weil sie einen Schaden nicht verkraftet, tut sie das in der Regel langsam und diskret via Konkurs oder Bankrott. All die realen Menschen, die ein solcher Konkurs schädigen könnte, sind zu weit weg und zu gesichtslos, als dass sie bremsende Wirkungen haben könnten. Wenn es einer großen deutschen Autofirma möglich ist, einen Verlust von rund 35 Milliarden Euro, entstanden wegen des Kaufs einer US-Autofirma, zu verkraften, wird sie wohl einen Betrug von ein paar Millionen nicht groß merken und mühelos wegstecken können. Die Anonymität des finanzstarken oder vermeintlich finanzstarken Geschädigten verleitet aber auch in viel kleineren Fällen zu Delikten: So muss man Versicherungsbetrug in Mitteleuropa schon fast als Volkssport bezeichnen. Laut Schadensmeldungen seien von bestimmten Luxuskugelschreibern und -füllhaltern mehr Exemplare gestohlen worden, als die Firma jemals produziert hat. Nicht viel besser sieht es bei anderen Luxusgütern aus. Der Einbruch in Wohnung oder Auto, der Diebstahl einer Handtasche, der unverschuldete Zusammenstoss mit einem anderen Auto werden offenbar weitherum als Einladung verstanden, einen Verlust mit Hilfe der Versicherung in einen Gewinn zu verwandeln.

Zweitens reagiert die Umgebung in der Regel anders. Sie verurteilt die Tat weniger streng, als sie Taten an Einzelpersonen verurteilt. Denn die Umgebung reagiert in erster Linie emotional. Darum wird, wer eine alte Frau um zehntausend Franken Erspartes bringt, von der Umgebung unvergleichlich härter verurteilt als einer, der einem Unternehmen Hunderttausende abnimmt. Und wenn das Unternehmen Konkurs macht und darum auch die alte Dame ihre Zehntausend verliert? Auch dann reagiert die Umgebung erst dann, wenn ein rührendes Foto und eine ebenso rührende Pressemeldung Emotionen wecken.

Zum *Robin-Hood-Effekt* kommt es vor allem dann, wenn der Schaden eine Institution trifft und wenn die Institution als sehr vermögend, aus der Sicht vieler als allzu vermögend gilt. Gilt sie dann auch noch als unsozial, so wird ihre Schädigung in der Öffentlichkeit rasch zu einer edlen Tat hochstilisiert – dies sogar dann, wenn der edle Täter nie daran dachte, den Gewinn an die Armen weiterzuverteilen.

So haben ein paar große Überfälle auf Geldtransporte und Poststationen fast den Rang von *national monuments* erhalten. In Italien schaffte dies vor langen Jahren der Fall der «Banda delle tute blu», in England schaffte es Biggs 1963 mit seiner Mannschaft (mit Horst Tappert in der Hauptrolle 1966 in «Die Gentlemen bitten zur Kasse» ziemlich gut verfilmt), in der Schweiz der Fraumünsterpost-Raub 2004, bei dem sensationelle 33 Millionen Euro, der Jahresgewinn der Schweizer Post, erbeutet wurden.

Schwere Verletzungen gab es nur im einen der drei Fälle. Der Lokführer Jack Mills erholte sich nie mehr von diesem Schlag und und starb krank 1970. In allen Fällen war die Beute gigantisch. In allen Fällen wurde eine große Institution, eine große Firma geschädigt. Somit waren alle Voraussetzungen dafür gegeben, dass das Publikum zu witzeln, zu debattieren und zu bewundern wagte. Besonders leicht kommt es zum Robin-Hood-Effekt dort, wo eine Branche oder Firma wegen unsozialer Haltung in Verruf geraten ist. Gelingt es irgendwem, eine solche Firma im größeren Stil zu legen, ist die Befriedigung des Publikums oft so groß, dass kaum mehr nach Bestrafung gerufen wird. Gerichte sind weitgehend immun gegen solche Verklärungen. Vor allem im England und Italien wurden in den eben erwähnten Fällen drakonische Strafen ausgesprochen.

Wo der Robin-Hood-Effekt in die ganz primitive Schadenfreude übergeht, ist schwer zu sagen. Schadenfreude setzt wie Mitleid eine betroffene Einzelperson voraus, die sehr reich oder sehr unsympathisch ist und auf einen besonders schlauen Dreh hereinfällt.

Hilflosigkeit des Geschädigten

«Den Letzten beißen die Hunde.» Dieses Sprichwort formuliert ein Grundproblem: Hilflosigkeit und Schutzlosigkeit eines Opfers sind ein klarer Anreiz. Je schwächer jemand ist oder wirkt, desto mehr reizt er zum Zubeißen. Im Extremfall wird er totgebissen – auch diese Erfahrung hat ihre feste Formel gefunden: «Das Rudel beißt den Kranken tot.»

Von Mitleid hält unser atavistisches Effizienzprogramm nicht eben viel. Und auch wenn sich Ethik, Moral und Gesetz alle Mühe geben, dies zu ändern, bleibt gezeigte Hilflosigkeit gefährlich – wir alle wissen oder spüren das und achten darauf, keine Schwäche zu zeigen. Schwäche steht nicht bloß für fehlende physische Kraft. Sie kann die verschiedensten Formen annehmen: Dummheit, Unwissen, Unsicherheit, wirtschaftliche Schwäche, Ratlosigkeit oder Gier. Sogar Eigenschaften, die wir als wertvoll ansehen, können es tun: an erster Stelle wären hier Hilfsbereitschaft und Gutmütigkeit zu nennen. Und all das gilt keineswegs nur in der Unterwelt oder in der Halbwelt.

Auch in der Oberwelt wird der Schwächere gerne gebissen oder gar totgebissen. Manche Formen – Mobbing beispielsweise oder Ausgrenzungen aller Art – werden allgemein missbilligt, andere stören erst, wenn der Beißer nach allgemeiner Meinung übertreibt. Den gutmütigen und etwas einfältigen Konkurrenten zu übervorteilen ist – in Maßen – zulässig. Wo immer für eine Karriere mehrere im Rennen liegen, darf – in Maßen – gebissen werden. Aber auch dort, wo mehr als bloß in Maßen übervorteilt oder sonstwie gebissen wird, ist die Nachsicht groß.

Da kann es nicht überraschen, dass Hilflosigkeit des Opfers auch einen Anreiz für Delinquenz bildet. Die Frau, die verbotenerweise als Prostituierte arbeitet, lädt ebenso dazu ein, ausgenommen zu werden, wie der Ausländer, der Probleme mit seinen Papieren hat, oder jeder, der sich in einem Geschäftsbereich bewegt, in dem er sich nicht auskennt.

Wer schwer betrunken gegen Morgen eine Bar verlässt, nachdem er beim Bezahlen einen Blick in seine Brieftasche und auf einige große Noten gewährt hat, lädt dazu ein, ihn um diese Noten zu erleichtern. Die Ratlosigkeit von unheilbar Kranken wird von Wunderärzten und Heilern aller Art ausgenützt. Entreißdiebstähle treffen vor allem ältere Personen, von denen kein Widerstand und auch keine Verfolgung zu erwarten ist: Mir ist noch kein Fall begegnet, in welchem von einem solchen Diebstahl eine junge sportliche Frau betroffen gewesen wäre. Harmlosigkeit und Vertrauen vor allem alter Leute ziehen Betrüger an. So ist es im Raum Zürich zurzeit wieder einmal «in», sich als ein entfernter Großneffe vorzustellen und mit rührender Story und Appell an die Familiensolidarität Darlehen zu erschleichen.

Eine «Schwäche» bildet leider auch arglose Hilfsbereitschaft. Teams von Taschendieben nutzen sie in verschiedenster Form, wobei das Grundmuster stets das Gleiche bleibt: Einer vom Team erbittet Hilfe irgendeiner Form, sei es eine Auskunft, sei es eine Kopfwehtablette, und lenkt das Opfer ab, sodass die anderen es ausnehmen können. Ein Auto mit Pannenblinker und ein Lenker (besser noch eine Lenkerin), der winkenderweise um Hilfe bittet, können eine Falle sein. Solcher Missbrauch von Hilfsbereitschaft richtet Schaden weit über den Schaden des konkreten Diebstahls oder Raubs hinaus an, denn er sät Misstrauen und sorgt dafür, dass auch in echten Notfällen niemand mehr hilft.

Gier des Geschädigten

Das Wort blind gehört zum Wort blenden. Blenden bedeutet ursprünglich «blind machen», das Augenlicht nehmen. Manche alten Strafrechte kannten die Blendung als eine Strafe und nahmen sie wörtlich: Dem Verurteilten wurden die Augen ausgestochen. Denken Sie immer an die alte Bedeutung des Wortes, wenn Ihnen irgendwer «blendende Gewinne» oder sonst etwas «Blendendes» in Aussicht stellt und von Ihnen eine Investition erwartet. Denken Sie auch dran, dass der Gier wie Wut oder Hass nachgesagt wird, sie könne blind machen. Tatsächlich ist Gier, blinde Gier, erweckt von blendenden Gewinnchancen, *die* Rahmenbedingung für den Erfolg vieler wirtschaftskrimineller Aktivitäten. Gier ist quasi der Komposthaufen, auf welchem die luschen Angebote Wurzeln schlagen und wuchern können.

Gute Gewinnaussichten reizen jeden von uns. Sehr gute reizen noch mehr. Unrealistisch gute Gewinnaussichten lassen bei vielen eine Warnlampe aufleuchten. Sie stellen sich die nützliche Frage: Warum will der seinen Gewinn ausgerechnet mit mir teilen? Sie können die Frage nicht beantworten und steigen aus. Aber lange nicht alle reagieren so. Bei manchen wird aus gewöhnlichem Interesse Gier, die bald einmal den «Ehrentitel» blinde Gier verdient.

Gier schafft den Markt für zahllose wirtschaftskriminelle Anlageofferten und der nüchtern Gebliebene steht immer wieder ratlos vor dem Erfolg von hahnebüchenen Storys. Wesentliche Bausteine für Konstruktionen, mit denen Wirtschaftskriminelle arbeiten, sind

- sehr hohe Gewinnaussichten,
- deren Erklärung mit der Einzigartigkeit des Angebotes,
- deren Erklärung damit, das Angebot verletze gewisse Bestimmungen, beispielsweise Bankenrecht oder Devisenrecht,
- Angebote spezieller, nicht werthaltiger Sicherheiten mit großartig klingenden Firmennamen,
- Hinweise darauf, dass sonst nur die wirklich Großen an dieses Angebot herankommen, der Anbieter aber eine Möglichkeit zur Stückelung des Angebots und damit für Offerten an kleinere Anleger gefunden habe,
- Eingehen auf Traumvorstellungen oder naive aus Medien und Filmen bezogene Vorstellungen des Investors betreffend die Welt des Big Business und der Reichen und Schönen,
- großartig klingende Listen derer, die bei ihm schon investiert (was mitunter sogar stimmt) und gewonnen hätten (was nie stimmt, ausser bei Schneeballsystemen),
- Konstruktionen von schwer durchschaubaren Background-Storys,
- Garnierung der Konstruktion mit eindrücklichen Fachausdrücken, die der Investor als gewiefter Geschäftsmann natürlich verstehe, anderenfalls man das Angebot nochmals überdenken müsse,
- eine eindrückliche Inszenierung oder auch
- Angebote einer weiteren Gewinnsteigerung, falls der Investor seinerseits auf Provisionsbasis weitere Investoren suche und bringe.

Besonders folgenreich ist der zuletzt genannte Baustein, denn er lässt das Opfer bald einmal zum Mittäter werden, hält es bei der Stange und verringert das Risiko, dass es Anzeige erstattet. So reißt es dann eine Vielzahl weiterer Opfer in die Sache hinein, und die Grenze zwischen Opfer und Täter verwischt sich vollends – was für die Wirtschaftskriminalität recht typisch ist.

Der Desperado-Effekt

An sich heißt Desperado «der Verzweifelte» und ist mit gutem Grund auch zur Bezeichnung für Personen geworden, die sich außerhalb des Gesetzes gestellt haben, *Outlaws* also, wie für Räuber oder Banditen. Das Wort weist auf Rahmenbedingungen hin, welche für die betreffenden Personen gelten. Kennzeichnend für den in diesem Sinne «Verzweifelten» ist, dass es für ihn praktisch nicht mehr darauf ankommt, was alles er auch noch tut. Weitere Taten sind für eine mögliche Strafe kaum mehr von Bedeutung. Letztlich macht das Gesetz oder die Vorstellung davon den Desperado, weil Strafdrohungen eine sinnvolle Um- und Rückkehr zu verunmöglichen scheinen. Jedes staatliche Recht kennt Höchststrafen. Wenn für die bereits begangenen Taten (oder die zu Unrecht angelasteten Taten) eine Strafe zu erwarten steht, welche der Höchststrafe nahe kommt, wirkt einerseits die Um- und Rückkehr nicht mehr einladend und «kostet» andererseits eine zusätzliche Tat nicht mehr viel.

Wir denken beim Wort Desperado in der Regel an Dramatisches im Stile des Seeräubers, mexikanischen Räuberhauptmanns, südamerikanischen Guerilleros oder eines sardischen Banditen. Den Desperado gibt es aber nicht nur im Western oder Räuberfilm und in fernen, politisch unstabilen Ländern. Stellt man für die Definition darauf ab, dass jemand aus welchen Gründen immer nicht mehr in die Legalität zurück kann, es eigentlich keine Rolle mehr spielt, was er auch noch anstellt, und es darum am einfachsten ist, weiterzumachen, dann wird er zu einer ziemlich häufigen Figur.

Die Rahmenbedingungen, die für den Desperado gelten, machen ihn schlicht und einfach gefährlich. Nur eine Justiz, die auch auf die Einzelverhältnisse eingeht, einige Gewähr dafür bietet, dass nicht Unschuldige vorschnell verurteilt werden, und Urteile fällt, die der Täter letztlich akzeptieren kann, kann die Zahl der Desperados auf ein unvermeidliches Minimum reduzieren. Wie wichtig eine solche Justiz ist, illustriert ein kleiner Vorfall aus einer Schweizer Strafanstalt. Ein wegen Mordes in Untersuchung stehender Häftling, der mit einer sehr hohen Strafe rechnen musste, wurde von einem Wärter schikaniert. Schließlich packte der Häftling den Wärter am Hals, drückte ihn gegen die Wand und sagte: «Du kostest mich höchstens noch ein Jahr mehr.»

Der Wärter hatte Glück: Der Häftling blieb trotz allem halbwegs bei Vernunft. Er verlor nicht aus den Augen, dass er vielleicht eine Strafe bekommen könnte, die merklich unter der Höchststrafe läge. So hatte er immer noch etwas zu verlieren. Anderenfalls hätte der Vorfall schlimmer enden können.

Vor allem die Todesstrafe und deren schnelle Verhängung sind geeignet, Desperados zu schaffen. Wer für sein begangenes Delikt praktisch sicher mit der Todesstrafe rechnen muss, wird wesentlich weniger Hemmungen haben, Zeugen aus dem Weg zu räumen oder auf einen Polizeibeamten zu schießen, als derjenige, der für sein erstes Delikt ein Urteil erwartet darf, das ihm noch etwas zum Verlieren übriglässt. Ähnlich unheilvoll können gut gemeinte, aber allzu starre Mindeststrafenansätze wirken: So kennt der US-Staat Nevada für Vergewaltigung von jungen Frauen unter einem gewissen Alter nur die lebenslängliche Freiheitsstrafe ohne Möglichkeit der Bewährungsentlassung. Das lässt keinen Raum mehr für die Berücksichtigung der konkreten Tatumstände und macht den Täter zum Desperado. Hat ein Räuber die beraubte Person in Lebensgefahr gebracht, indem er eine geladene Waffe auf sie richtete, liegt nach Schweizer Recht ein qualifizierter Raub vor und beträgt die Mindeststrafe fünf Jahre. Das sorgt dafür, dass Gerichte mitunter krampfhaft nach Milderungsgründen suchen müssen, weil sie die Mindeststrafe als deutlich zu hoch ansehen.

Not

«Not macht erfinderisch», sagt man. Not ist eine Rahmenbedingung, die den intensiven Wunsch weckt, sich aus der betreffenden Notsituation zu befreien. Not tritt überall und fast allgegenwärtig auf, auch in der geschützten Werkstätte Mitteleuropa. (Immerhin wird hier das Schlimmste in der Regel durch funktionierende Sozialhilfesysteme abgefangen.)

Not muss nicht zu Kriminalität führen. Bei weit verbreiteter Not ist oft zu beobachten, dass die Menschen im Guten näher zusammenrücken und Solidarität wieder entsteht, die sich in besseren Zeiten weitgehend verflüchtigt hat. Gegenseitige Nachbarschaftshilfe, auch gegenseitiger Schutz vor eigentlicher Kriminalität werden in Notzeiten und in Notgebieten wieder größer geschrieben. Auch die Vorstellung des «Gemeinsam sind wir stark» gewinnt an Gewicht. Allerdings funktioniert beides, das vermehrte Erfinderischwerden wie das vermehrte Zusammenhalten auch im Unguten.

Denn viele Delikte werden aus Notsituationen heraus begangen, dies vor allem, wenn der Betreffende seine Lage als aussichtslos beurteilt, weil ihm alle legalen Wege aus dem Schlamassel heraus verbaut sind oder verbaut zu sein scheinen. Mitunter begegnet man in der Praxis Fällen, in denen man zugeben muss, dass man einem Täter keinen halbwegs attraktiven legalen Ausweg mehr hätte weisen können. Not kann so bedrängend werden, dass sie den Betroffenen praktisch zu einem Desperado macht.

Kann Not darüber hinaus so bedrängend werden, dass dem Betroffenen keinerlei Entscheidungsfreiheit mehr bleibt? In Mitteleuropa ist derlei glücklicherweise selten. Die Staaten haben mit diesen Instrumentarien zur Notvermeidung und -linderung nicht nur ethische und moralische Forderungen erfüllt. Die sozialen Netze sollen auch vermeiden helfen, dass in Not geratene Personen zu kriminellen Mitteln greifen müssen, um zum Nötigsten zu kommen. Leider haben diese gut gemeinten Rahmenbedingungen nicht nur die Auswirkungen, welche sie haben sollen: Sie schaffen haufenweise Möglichkeiten des Missbrauchs, manchmal eigentliche Märkte des Missbrauchs.

Not in allen ihren Varianten bildet auch ein wesentliches Motiv für den Einstieg in die Halbwelt. Die Halbwelt bietet – häufig verbunden mit einer Verlegung der Tätigkeit ins Ausland – haufenweise Verdienstmöglichkeiten, die weit über die normalen Möglichkeiten der betreffenden Personen, insbesondere junger Frauen in Entwicklungsländern, hinausgehen. Es ist darum nachvollziehbar, dass in

Not geratene oder in Not lebende Personen bald einmal eine Tätigkeit im Rotlichtgebiet einem Weiterleben in Armut vorziehen und dies noch bereitwilliger tun, wenn die Tätigkeit nicht bloß die Not lindern, sondern zumindest nach den in ihrer Heimat geltenden Massstäben zu eigentlichem Wohlstand führen kann.

Lukrative Märkte

Rahmenbedingungen sind auch die konkreten Verdienstmöglichkeiten. Für die Attraktivität eines Marktes spielen sie eine enorme Rolle. Alle, die erwägen, auf irgendeinem Markt tätig zu werden, informieren sich über die Marktbedingungen und Marktaussichten.

Wo immer sich eine echte oder vermeintliche Marktlücke zeigt, wird sie gefüllt. Schafft die Einführung neuer Technologien ganz neue Märkte, geht ein gigantisches Wettrennen los. Nicht nur legale Unternehmer machen sich auf, ihre *claims* abzustecken und dann mit dem Graben nach Gold anzufangen.

Gelegenheiten für Einzelne

Oft schaffen Rahmenbedingungen kurzfristig eine vorübergehende Einladung an einen Einzelnen. Solche Gelegenheiten entstehen in der Regel ungeplant, also mehr oder weniger überraschend. Sie kommen in der Regel einmal und nie wieder – und der Eingeladene kann nun wählen, ob er sie ergreifen will oder nicht. Wird die Primadonna am Morgen heiser, geht die Leitung des Opernhauses mehr oder weniger verzweifelt auf die Suche nach Ersatz, und bisher wenig beachtete Sängerinnen werden angefragt, ob sie einspringen würden. Viele brillante Karrieren haben so begonnen.

Derjenige, der eine solche Einladung zu einem legalen Erfolg nicht ergreift, ist nach gängiger Ansicht ein Trottel, denn er hat sich ein Schnäppchen entgegen lassen. Er selbst wird es sich im Zweifel nie vergessen, und falls seine Umgebung es erfährt, wird auch sie dafür sorgen, dass er es nicht so bald vergessen wird. Nicht bloß die Gier, sondern auch diese Angst vor der Blamage sorgen dafür, dass verführerische Angebote oft nicht so genau geprüft werden, wie das ratsam wäre, und dann faule Eier im Portefeuille landen oder einmal mehr ein wertloses Rolex-Imitat für teures Geld die Hand wechselt.

Läuft der Junkie mit ersten Entzugserscheinungen und ohne Geld durch einsame Quartiere einer Stadt, begegnet ihm eine Frau mit vielversprechender Handtasche und ist weit und breit keine dritte Person in Sicht, so liegt eine Gelegenheit vor – und ist das Risiko eines Entreißdiebstahls beträchtlich. Geht in der Bijouterie die Verkäuferin von Juwelen zu einer Vitrine, um zum x-ten Mal noch weitere Schmuckstücke zu holen, kann das für den Kunden die Gelegenheit sein, eines der angeschauten Schmuckstücke verschwinden zu lassen. Steckt ein Autoschlüssel in einem abgestellten Auto, so kann das dazu verführen, das Auto zum Gebrauch zu entwenden oder zu stehlen. Verführerisch sind Überweisungsformulare, die bereits von zwei Kollektivunterzeichnungsberechtigten blanko unterschrieben worden sind und die ein Führungsmitglied nun auf dem Schreibtisch des abwesenden Chefs liegen sieht.

In der Halbwelt kann zum Beispiel die schwere Erkrankung eines Bordellbesitzers, der keinen geeigneten Stellvertreter hat und darum seinen Laden abstoßen möchte, für einen Jungen die Chance seines Lebens sein, wenn er bereits in der Branche arbeitet und ein erschwingliches Objekt sucht. Desgleichen die Liebe: Verliebt sich eine Frau aus der Halbwelt, öffnet ihre Verliebtheit die Tür für einen Einstieg in die Halbwelt zumindest ein Stück weit, und der Freund kann nun bestimmen, ob er eintreten will.

Gelegenheit macht nicht nur Diebe, sie sorgt auch für rundum legale Erfolge. Hie und da schafft sie sogar Stars.

Die Rechtsordnung

Die bestehende Rechtsordnung bietet ganz wesentliche positive und negative Rahmenanreize, denn das Gesetz erlaubt und fördert, oder es verbietet und bestraft.

Das Verbot mit seinen Sanktionen will einen negativen Anreiz schaffen, weil irgendeine Handlungsweise dem Staat schlecht und eines Verbotes würdig erscheint. Umgekehrt kann der Staat bestimmte Handlungen auch für förderungswürdig erklären und versuchen, mit Gesetzen positive Anreize in Form irgendwelcher Belohnungen zu setzen. All das schafft schlicht und einfach Rahmenbedingungen. Aber Rahmenbedingungen so zu setzen, dass das Gewünschte resultiert, ist schwierig. Man muss dabei auf alles Wunschdenken verzichten und stets die Folgen im Auge behalten, die sich häufig anders präsentieren, als es sich der Gesetzgeber gedacht hat.

Derlei geschieht, wenn man vor lauter Ethik, Moral, Gesetzestreue und politischen Visionen aller Art vergisst, dass Verbote in vielen Fällen nicht mehr und nicht weniger sind als zusätzliche Risiko, also Kostenfaktoren. In meinem Buch «Verbrechen als Markt» habe ich diese Komponente des Verbrechens, nämlich die marktgerechte Kosten-Nutzen-Rechnung des Verbrechens als Reaktion auf gesellschaftliche Vorgänge, umfassend behandelt. In allen drei Welten kennt man verschiedene mögliche Reaktionen auf neue Kostenfaktoren. Ein Beispiel: Man wälzt die neuen Kosten via Preiserhöhung auf den Kunden ab. Das funktioniert so lange, als der Markt es noch «frisst», also die Kunden noch Kunden bleiben, egal wie zähneknirschend sie es tun. Ein extremes Beispiel für solche Abwälzung der Risikokosten auf den Kunden bietet der Drogenmarkt. Insbesondere für Sucht erzeugende Drogen ist der süchtige Kunde bereit, praktisch jeden Preis zu bezahlen – sofern er nirgends ein billigeres Angebot findet. Er ist unter Umständen sogar bereit, selbst zu delinquieren, um den verlangten Preis bezahlen zu können.

Funktioniert nichts von alledem, so stellt man seine Tätigkeit ein – naturgemäß die letzte, aber wirklich allerletzte Variante und eine, die oft viel zu spät in Betracht gezogen wird.

Für Verbote gilt in jedem Markt: Nicht das Verbot an sich bildet das Risiko, sondern erst die Durchsetzung des Verbotes. Ernst genommen werden nur Verbote, die durchgesetzt werden. Ist der Staat nicht in der Lage, einer gesetzlichen Regelung mit akzeptabel hoher Aufklärungsquote Respekt zu verschaffen, so laufen Personen, die gegen diese Regelung verstoßen wollen, praktisch kein Risiko. Der

Kostendruck steigt nicht. Die Wirkung bleibt mit Glück gleich null, liegt aber in der Regel im Minusbereich, weil Respektverlust immer ein bisschen abfärbt. Mit anderen Worten: Man hat das Gegenteil vom Gewünschten erreicht.

Dieses unerwünschte Resultat stellt sich aber manchmal auch dann ein, wenn es an der Durchsetzung nicht mangelt und ansehnliche Aufklärungsquoten präsentiert werden können, aber die Wirkung des Risikos auf den Markt falsch eingeschätzt worden ist. Risikokosten können den Preis eines für illegal erklärten Gutes enorm erhöhen. Dieser erhöhte Preis kann ein solches Gut erst richtig interessant für die Unterwelt machen, welche die Chance mit Sicherheit nicht verpasst.

Den Inbegriff eines solchen Eigentors bildet die Prohibition in den USA. Heute macht man die gleichen Fehler im Umgang mit Drogen – und könnte ihn in absehbarer Zeit auch mit Tabak machen. Wären Drogen relativ frei erhältlich beziehungsweise zugänglich, so würde der Risikopreis kollabieren – und mit ihm ein gigantischer Markt. Die Marktsituation wäre für die Unterwelt praktisch nicht mehr interessant, denn das bisschen Schwarzmarkt, das bei verschreibbaren Medikamenten entsteht, würde den heutigen Überbau an Drogenvertriebssystemen niemals tragen, und wir hätten ein Problem weniger. Wer so argumentiert, bekommt allerdings regelmäßig unterstellt, er plädiere für die bedingungslose Freigabe hoch gefährlicher Substanzen. Das ist falsch. Er plädiert lediglich für Lösungen, die mehr Schaden verhüten als anrichten.

Nicht nur Verbote schaffen eigene Märkte. Auch andere Wirtschaftsgesetze wie Zollgesetze, Subventionsgesetze oder die Sozialgesetzgebung schaffen ihre speziellen Märkte, mitunter auch Märkte des Missbrauchs oder gar der Kriminalität. Was tun, damit es möglichst selten so weit kommt? Der Staat sollte sich insbesondere beim Verbieten auf das unbedingt Notwendige beschränken. Und sollte sich zeigen, dass ein Verbot praktisch nicht durchsetzbar ist oder dass ein Verbot das Gegenteil dessen bewirkt, was man sich davon versprochen hat, so sollte man den Mut haben, das Verbot wieder «aus dem Markt» zu nehmen. Niemand verliert mit solchen vernünftigen Reaktionen das Gesicht. Jeder hat das Recht, mal einen Fehler zu machen, aber niemand hat das Recht, als falsch Erkanntes stur weiter zu tun. Zeigt ein neues Medikament zu viele Nebenwirkungen, wird es aus dem Handel genommen. Was bei Medikamenten möglich ist, muss es noch viel mehr bei Verboten sein.

Glücklicherweise haben einige mitteleuropäische Staaten mit diesen Grundsätzen Ernst gemacht, was die Prostitution angeht. Sie haben Verbote beseitigt, die sicher überholt waren, im Zweifel sogar immer falsch gewesen waren. Aber in den meisten Staaten der Welt ist Prostitution nach wie vor verboten, und in erster Linie sind die Prostituierten Opfer dieser Bestimmungen.

Rahmenanreize: Gesetze verändern

Zielanreize entziehen sich weitgehend der Steuerung: Wo etwas attraktiv wirkt, wirkt es ganz einfach attraktiv, punktum. Moral und Ethik mögen predigen, Gesetze mögen verbieten, sie tangieren Entstehung und Reiz von Zielanreizen nicht, denn hier hat menschlicher Wille nicht viel zu vermelden. Der Philosoph Arthur Schopenhauer schrieb in seinem Buch «Die Welt als Wille und Vorstellung», dass nicht der menschliche Wille beeinflussbar sei, sondern nur das, was wir tun. Kaum besser sieht es bei den Weganreizen aus: Auch sie sind schwer bis gar nicht beeinflussbar. Wir sind programmiert, das Programm wählt und präsentiert dann seine Empfehlungen.

Nur eine Relativierung ist am Platz: Moral, Ethik und Gesetz können Zielvorstellungen und Wegvorstellungen schaffen, die ihren eigenen Reiz haben: So mag jemand eine spezielle Befriedigung fühlen, wenn er sich mustergültig benimmt.

Wie weit sind Regelsysteme der Ethik, Moral, Religion beeinflussbar? Moral- und Ethiksysteme sowie Religionen ergänzen unser archaisches Überlebensprogramm dahingehend, dass nicht nur dem Einzelnen das Überleben gewährleistet werden soll, sondern einer ganzen Gemeinschaft. Sie geben dem Einzelnen auf, seine ganz persönlichen Interessen unter Umständen zurückzustellen zugunsten der Gemeinschaft. Die Frage, wie weit sie *man made* sind, von Menschen bewusst und gewollt geschaffen wurden und dementsprechend auch geändert werden können, braucht uns hier (zum Glück) nicht zu kümmern. Falls und so weit die Systeme beeinflusst werden können, nehmen sie solche Bemühungen nicht widerstandslos entgegen. Weder der Private noch der Gesetzgeber können sie nach Wunsch ein- und ausschalten.

Die Rahmenbedingungen hingegen, die letztlich für die Entscheidung pro und contra Kriminalität oder Halbwelt oder Oberwelt ausschlaggebend sind, lassen sich beeinflussen. Der Staat kann auf sie via Gesetzgebung und -anwendung Einfluss nehmen, die Gesellschaft mit außergesetzlichen Normen kann es tun, und jeder Einzelne kann es tun.

Erwünschte Tätigkeiten kann der Staat unterstützen, indem er sie honoriert. Unerwünschte Tätigkeiten kann er marktmäßig unattraktiv machen, indem er Risiken setzt und sie so verteuert. Platziert er die Verteuerung am richtigen Ort eines Marktes (!) und setzt er seine Regelung durch, so schafft er einen negativen Rahmenanreiz und erreicht das Gewünschte. Wie leicht er anderes erreichen kann, ist bereits ausführlich zur Sprache gekommen.

Die Gesellschaft reguliert die Anreize vor allem mittels Offenheit oder deren Gegenstück. Zur Offenheit gehören hohe Durchlässigkeit, Förderung der Begabten und Aufstiegsmöglichkeiten für Begabte. Ein hoher Stellenwert kommt der Bildungs- und Integrationspolitik zu, desgleichen der Verhinderung von Not.

Aber auch der Einzelne beeinflusst die Rahmenanreize, indem er eigene Risiken minimiert und Risiken für andere heraufsetzt. Diese Form der Einflussnahme allgemein, der Schaffung negativer Rahmenanreize für Straftäter im Besonderen, liegt bereits dort vor, wo jemand im Tram seine Tasche richtig unter den Arm klemmt. Diese Form würde es verdienen, wieder etwas populärer zu werden. Besonders wichtig wäre es, dass wir wieder zur Kenntnis nehmen, was in unserer Umgebung geschieht, Nachbarhilfe betreiben und die Zivilcourage aufbringen, uns einzuschalten, wenn es das braucht. Denn es gibt für einen Straftäter kaum etwas Einladenderes als den Kult des Sich-nicht-Einmischens, den wir betreiben, und die Beharrlichkeit, mit welcher wir die Augen abwenden, wenn neben uns Unerfreuliches geschieht. Man will sich auch dort nicht mehr einmischen, man hilft auch dort nicht mehr, wo man sich weder auf berechtigte Angst noch auf halbwegs begründete Sorge wegen des vielleicht resultierenden Aufwandes berufen kann. Solche Sorge sorgt heute dafür, dass sich im Zweifel die Mehrheit der Zeugen irgendeiner Tat «verdünnisiert», bevor irgendjemand ihre Personalien erfassen kann.

Wo hingegen der Einzelne auf den Nächsten achtet, wo eingreift, wer sieht, wie jemand anderem offensichtlich Unrecht geschieht oder dieser Opfer eines Verbrechens wird, setzt er, um bei der Terminologie dieses Buches zu bleiben, sehr erhebliche Rahmenbedingungsanreize, die gegen die Entscheidung zugunsten des Delikts sprechen. Einfacher gesagt: Wer mit solchen Eingriffen rechnen muss, überlegt sich die Sache einmal mehr und lässt sie häufiger bleiben.

Eine weitere Einflussmöglichkeit des Einzelnen besteht darin, als erlaubt zu akzeptieren, was erlaubt ist, und Toleranz zu üben. Das klingt nach einer Selbstverständlichkeit, aber offensichtlich ist es schwieriger, als es klingt. Vor allem wer der Halbwelt angehört, macht immer wieder die Erfahrung, dass erlaubte Tätigkeiten im Erotikbereich gesellschaftlich als verpönt gelten. Die moralingetränkte Überheblichkeit richtet viel Schaden an. Sie erschwert den Betroffenen das Leben in ganz alltäglichen Bereichen, etwa bei der Wohnungssuche. Sie erschwert den Rechtsschutz. Sie erhöht mitunter Risiken und entsprechend Preise. Der beste Weg zur Vermeidung von Milieudelinquenz ist die volle Anerkennung der Prostitution als gewerbliche Tätigkeit wie jede andere auch, also eine Einstellung, gemäß welcher Ausstiegsprogramme für Prostituierte nicht notwendiger sind als Ausstiegsprogramme für beispielsweise Konditorinnen. Ich bin mir allerdings bewusst, dass solche Anerkennung noch auf lange Sicht hinaus eine Utopie bleiben wird. Auch wenn wir in Europa erhebliche Fortschritte gemacht haben, sind die alten Wertvorstellungen zurzeit noch sehr lebendig.

Fazit

Anreize als solche sind weder böse noch gut – sie sind. Sie sind für Ober-, Halb- und Unterwelt gleich. Es gibt eine Kybernetik des menschlichen Handelns. Jeder von uns reagiert auf Anreize. In jedem Menschen steckt ein atavistisches Programm, das letztlich ein Resultat der Evolution ist. Dieses Programm ist ausschließlich auf ökonomische Effizienz ausgerichtet und steuert unsere Reaktionen auf die Anreize. Es lässt Unterwelt und Halbwelt gleich denken und werten wie die Oberwelt. Halbwelt und Unterwelt sind darum der Spiegel «ihrer» Oberwelt – und umgekehrt. Die auf den Menschen einwirkenden positiven und negativen Anreize zu einer Entscheidung ergeben einen Saldo, ein Gesamtangebot.

Moralisches Handeln, gesetzestreues Handeln, ethisches Handeln sind Anreize wie alle anderen auch. Sie versprechen dem, der sie befolgt, die Genugtuung, ethisch, moralisch und gesetzestreu gehandelt zu haben. Bieten ihm Ethik, Moral, Gesetz mehr an als das Grundprogramm, so wird er sich für sie entscheiden, desgleichen, wenn sich die Angebote die Waage halten. Anderenfalls wird er unmoralisch, unethisch, gesetzeswidrig handeln.

Die Höhe der Hürde aus Ethik, Moral und Gesetzestreue bestimmt der Mensch mit. Hier können wir wählen und handeln – oder es bleiben lassen. Von außen her beeinflussen lassen sich vor allem die Rahmenanreize. Veränderte Rahmenbedingungen fördern je nachdem die Attraktivität der legalen oder der illegalen Tätigkeit. Je offener die Gesellschaft und je mehr legale Chancen für alle, desto geringer ist der Anreiz der deliktischen Zielerreichung. Ein weiteres Mittel sind Gesetze, welche deliktischen Märkte Attraktivität nehmen können und bei ausreichender Durchsetzung effektiv auch nehmen. Gesetze, die der Staat nicht durchsetzen kann, sind kontraproduktiv. Aber nicht nur der Staat kann dazu beitragen, die Rahmenbedingungen zu verbessern.

Auch der Einzelne kann und muss dazu beitragen durch Vermeidung ungeschützter Konzentrationen hoher Werte, Sicherheitskonzepte, Kontrollen, Abbau der Anonymität, nachbarschaftliche Hilfe, zivile Aufmerksamkeit und so weiter.

Wir sollten andererseits die Rationalität des gesamten Prozesses auch nicht überschätzen. Die Fülle der Anreize bildet letztlich etwas, das der Chaos-Theorie verwandt ist. Auch hier kann bereits ein minimaler weiterer Anreiz Ordnung ausbrechen lassen, das heißt die Entscheidung pro und contra Delikt auslösen. Am schönsten wäre natürlich, wenn sich zeigen ließe, dass ein Raub halt doch nur dank des Kaffeekränzchens von Tante Eulalia stattgefunden hat.

Darum hier ein Versuch in diese Richtung: Der Täter steht vor einem Friseurgeschäft, ein paar Meter neben der Bankfiliale, die er als Ziel auserkoren hat. Alles ist klar, alles ist genau geplant, aber plötzlich wird er ein ganz klein wenig unsicher. Er schaut genervt um sich, er schaut zufällig in den Spiegel im Schaufenster, er kontrolliert automatisch, ob man seine roten Haare wirklich nicht sieht, er erinnert sich plötzlich, wie Mama erzählte, Tante Eulalia habe keine Rothaarigen zu ihren Kaffeekränzchen eingeladen, weil alle Rothaarigen feige seien – und er betritt die Bank.

Sie sind herzlich eingeladen, weitere Schmetterlingsflügelschläge zu basteln.

Bibliografie

Steven D. Levitt, Stephen J. Dubner, Gisela Kretzschmar: Freakonomics. Überraschende Antworten auf alltägliche Lebensfragen, Goldmann, München 2007.

Valentin Landmann: Das Böse. Geschichte eines Urphänomens, Universitas Verlag, Frankfurt/Berlin 1985.

Valentin Landmann: Das integrierte Verbrechen. Kriminalität und Gesellschaft, Universitas Verlag, Frankfurt/Berlin 1989.

Valentin Landmann: Verbrechen als Markt. Zur Ökonomie der Halbwelt und der Unterwelt. Orell Füssli, Zürich 2006.